诗词大发现

古诗词创意图解

Shici Dafaxian 2

蒋军晶 著

长江出版传媒　长江文艺出版社

序言 PREFACE

这套书好在哪里?

出现了 202 首诗词

大量覆盖统编小学、初中语文教材,《小学生必背古诗词75首》中的诗词。

发现至上

李白有一段时间写诗为什么总是写"愁"?送别诗里为什么经常出现"柳"?诗人最喜欢哪种颜色?诗词里的月亮蕴含着哪些情意?……这套书几乎每一页都通过创意编排引发孩子的思考、探索,因为编著者觉得——相比记忆,更重要的是人的思考力、发现力。

诗词的学习路径

这套书以儿童的视角组织了16个诗词主题。有的主题是"人物",如"李白的远游";有的主题是"意象",如"送别一枝柳";有的主题是"内容",如"四时之美";有的主题是"表达规律",如"诗词里的颜色"……学习诗词有哪些路径?这些主题,对孩子是很好的引导、提示。

非连续性文本

你发现了吗?现在语文考试的阅读材料有时也用"非连续性文本"。非连续性文本包括图、表格、清单等,用的文字少,但信息量大,而且直观、清楚。这套书"图、表、文结合",看这套书的孩子不知不觉中增加了阅读"非连续性文本"的机会,提升了非连续性文本阅读能力。

如何使用这套书？

背诵工具

书中前面出现的诗词，往往只有一个题目，或者只有一个句子。你可以看着这个题目或句子回忆、背诵完整的诗词。当你背不出时，你可以通过题目、句子旁边的序号，在附录里迅速找到完整的诗词和解释。所以，你可以把这套书当作背诵工具书。

让理解参与进来

"哇哇哇"死记硬背，不但做不了有根的优雅的中国人，且做不了正常的现代人。

所以，古诗词的学习，在"背诵"的基础上，还要有"理解"的参与。你能背出来的诗词，都可以根据序号，在书的前面找到，大致了解这首诗词创作的背景，了解这首诗词和其他诗词之间的联系。有了理解的参与，你对这首诗词的印象更深刻，你的记忆更长久。

深入研究下去

这套书的每一个主题里，都有一些学习建议和开放的探究题，对古诗词特别感兴趣的孩子，可以根据这些题目、建议，去寻找更专业的诗词类的书籍阅读学习。

目录
CONTENTS

Chapter 01
四时之美 002-018

- 四时之美 / 004
- 诗人的四季 / 006
- 十二月的花 / 012
- 十二月中国节 / 014
- 二十四节气 / 016

Chapter 02
送别一枝柳 020-030

- 送别一枝柳 / 022
- 没有"送别"的柳树 / 028

Chapter 03
万里行舟 032-044

- 万里行舟 / 034

Chapter 04
大漠边塞 046-058

- 大漠边塞 / 048
- 塞外荒景 / 050
- 戍边之情 / 053

Chapter 05
古诗里的数字 060-076

- 古诗里的数字 / 062
- "一"字写进诗 / 064
- 一字诗 / 066
- "十、百、千、万"写进诗 / 070
- "六"和"九",特别的数字 / 072
- 古诗里的"数字"都是虚指吗? / 074
- 把十个数字写进诗 / 075

Chapter 06
诗词中的颜色 078-098

- 诗词中的颜色 / 080
- 颜色的秘密 / 082
- 颜色是有"意义"的 / 086
- 经典搭配:红绿 / 088
- 万能色——碧 / 090
- "颜色"里的"事物","事物"里的颜色 / 092
- 颜色越来越"多" / 094

附录 097-134

Chapter
01

Chapter 01

四时之美

■ 桃花开,蝉始鸣,雁南飞,冰霜凝。
一年根据气候变化分春、夏、秋、冬四季。

鸟啼

（宋）陆游

野人无历日，鸟啼知四时。

二月闻子规，春耕不可迟。

三月闻黄鹂，幼妇闵蚕饥。

四月鸣布谷，家家蚕上簇。

五月鸣鸦舅，苗稚忧草茂。

一年分成了十二个月，农民安排农时更合理从容了。

春	夏	秋	冬
立春	立夏	立秋	立冬
雨水	小满	处暑	小雪
惊蛰	芒种	白露	大雪
春分	夏至	秋分	冬至
清明	小暑	寒露	小寒
谷雨	大暑	霜降	大寒

节气歌

春雨惊春清谷天，夏满芒夏暑相连。

秋处露秋寒霜降，冬雪雪冬小大寒。

上半年逢六廿一，下半年逢八廿三。

每月两节不变更，最多相差一两天。

有了四季，有了十二个月，为什么还要有二十四节气？这二十四节气，不仅反映了黄河流域的气候规律，也把琐碎而平凡的日子划分得更细密了。假使一年只分四季，那就只有四次转变，四次惊喜。可是一旦化成二十四节气，就有二十四次变化，就像二十四声鼓点，一下下敲打着人心。何况，每个节气还要再分成三候呢！

二十四节气又分成七十二候，五天一段落，五天一主题，本身就那么富有诗意。

2016年，二十四节气入选世界非物质文化遗产名录。

春夜喜雨[1]

（唐）杜甫

好雨知时节，当春乃发生。
随风潜入夜，润物细无声。
野径云俱黑，江船火独明。
晓看红湿处，花重锦官城。

江村（节选）[2]

（唐）杜甫

清江一曲抱村流，
长夏江村事事幽。
自去自来梁上燕，
相亲相近水中鸥。

阁夜（节选）

（唐）杜甫

岁暮阴阳催短景，
天涯霜雪霁寒宵。

登高[3]

（唐）杜甫

风急天高猿啸哀，渚清沙白鸟飞回。
无边落木萧萧下，不尽长江滚滚来。
万里悲秋常作客，百年多病独登台。
艰难苦恨繁霜鬓，潦倒新停浊酒杯。

春分　夏至　秋分　冬至

包含下面这些事物的诗句,你能想到哪些呢?

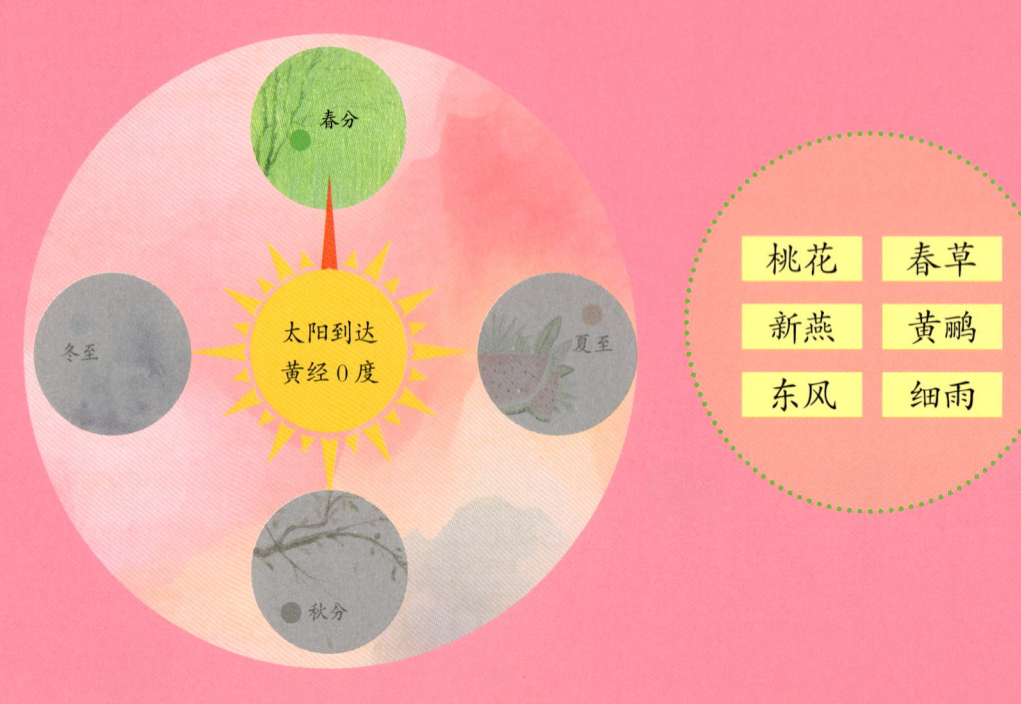

桃花	春草
新燕	黄鹂
东风	细雨

人面不知何处去，桃花依旧笑春风。④

竹外桃花三两枝，春江水暖鸭先知。⑤

好雨知时节，当春乃发生。①

天街小雨润如酥，草色遥看近却无。⑥

等闲识得东风面，万紫千红总是春。⑦

乱花渐欲迷人眼，浅草才能没马蹄。⑧

千里莺啼绿映红，水村山郭酒旗风。⑨

不知细叶谁裁出，二月春风似剪刀。⑩

几处早莺争暖树，谁家新燕啄春泥。⑧

草长莺飞二月天，拂堤杨柳醉春烟。⑪

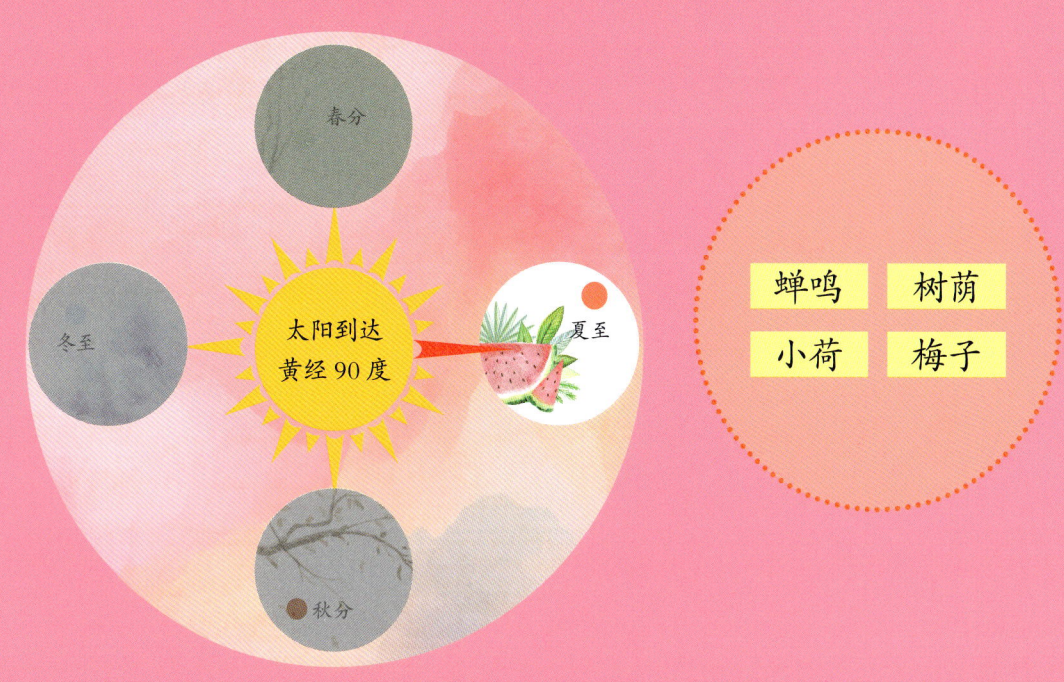

| 蝉鸣 | 树荫 |
| 小荷 | 梅子 |

接天莲叶无穷碧，
映日荷花别样红。⑫

小荷才露尖尖角，
早有蜻蜓立上头。⑬

绿树阴浓夏日长，
楼台倒影入池塘。⑭

梅子留酸软齿牙，
芭蕉分绿与窗纱。⑮

明月别枝惊鹊，
清风半夜鸣蝉。⑯

落叶　秋风
桂子　月圆
菊花　红枫

湖光秋月两相和，
潭面无风镜未磨。[17]
无边落木萧萧下，
不尽长江滚滚来。[3]
洛阳城里见秋风，
欲作家书意万重。[18]
停车坐爱枫林晚，
霜叶红于二月花。[19]
山寺月中寻桂子，
郡亭枕上看潮头。[20]

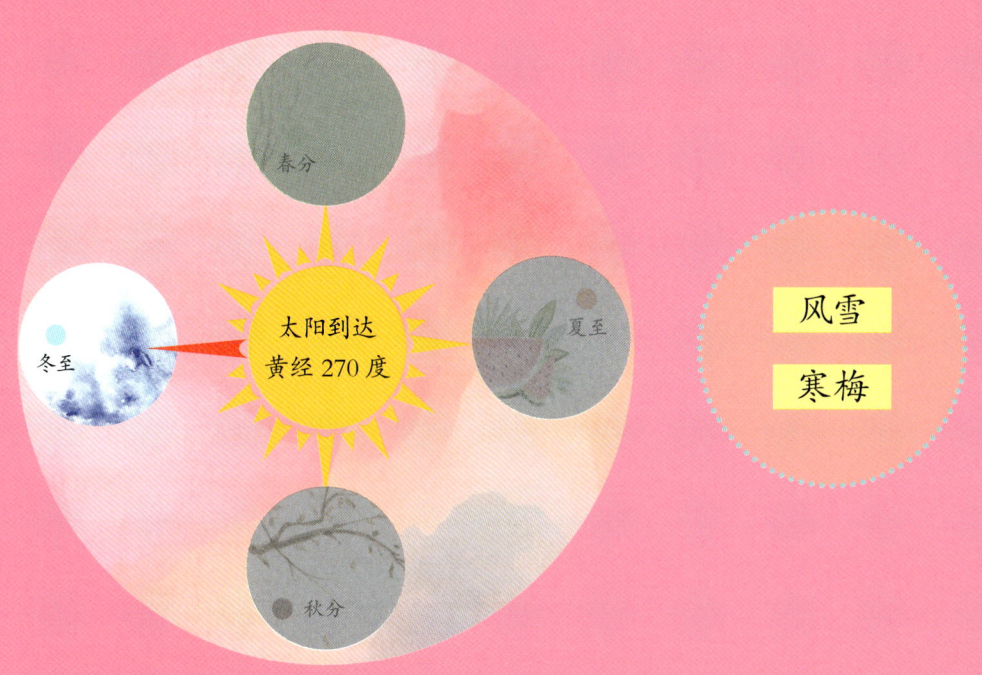

风雪

寒梅

北风卷地白草折,
胡天八月即飞雪。[21]

墙角数枝梅,
凌寒独自开。
遥知不是雪,
为有暗香来。[22]

晚来天欲雪,
能饮一杯无?[23]

012 十二月的花

这张"十二月花开图"没法做到"精确"。例如桃花花期长,3-4月份都有可能开放,梅花12—3月都有可能开放。品种、地域不同,花期也不同。

一月梅花	二月桃花	三月杏花
墙角数枝梅,㉒ 凌寒独自开。	去年今日此门中,④ 人面桃花相映红。	春色满园关不住,㉔ 一枝红杏出墙来。
象征不畏严冬酷寒,是高洁的志士。	象征美人。	象征幸福美满。"杏""幸"谐音。又因为杏花非常美丽,常用以象征美丽的少女。
四月梨花	五月牡丹	六月荷花
玉容寂寞泪阑干,㉕ 梨花一枝春带雨。	唯有牡丹真国色,㉖ 花开时节动京城。	接天莲叶无穷碧,⑫ 映日荷花别样红。
象征淡雅纯洁,有时也借来抒发寂寞之情。	花开热烈灿烂,象征豪华富贵。	出淤泥而不染,象征高雅纯洁。

以花喻人是中国文人的传统啦。你能想到关于这些花的诗句吗?

七月茉莉	八月桂花	九月菊花
	中庭地白树栖鸦,㉗ 冷露无声湿桂花。	不是花中偏爱菊,㉘ 此花开尽更无花。
可以制作茉莉花茶。	有"九里香"的雅称,花开香气如海。	凌寒傲霜,是高洁的志士,也象征孤高的隐者。

十月木芙蓉	十一月月季花	十二月雪花
木末芙蓉花,㉙ 山中发红萼。	只道花无十日红,㉚ 此花无日不春风。	忽如一夜春风来,㉑ 千树万树梨花开。
代指美少女。	四季长春,是幸福富贵的象征。	这是雪花,哈哈,幽默一下!

014 十二月中国节

一月	二月	三月
元宵 正月十五是元宵节。元宵节吃汤圆，汤圆汤圆，团团圆圆。		**清明** 清明节，踏青，吃清明团。扫墓，纪念故人。
元夕㉛ （宋）欧阳修 去年元夜时，花市灯如昼。 月上柳梢头，人约黄昏后。 今年元夜时，月与灯依旧。 不见去年人，泪湿春衫袖。		**清明**㉜ （唐）杜牧 清明时节雨纷纷， 路上行人欲断魂。 借问酒家何处有？ 牧童遥指杏花村。

四月	五月	六月
	端午 农历五月初五端节，纪念屈原，包粽子，划龙舟。	

你发现了吗？中国传统节日有一个共同的主题——**团圆**。

七月		八月		九月	
七夕	农历七月七日，七夕节，又叫乞巧节、女儿节。古时女子拜月祈福，拜织女，吃巧果，祈祷姻缘。	中秋	农历八月十五中秋节，一家人赏月、拜月、吃月饼，团团圆圆。	重阳	农历九月九日重阳节，赏菊、登高、放风筝。不少地方流行晚辈搀扶年老的长辈，一家人到郊外活动。
	乞巧㉝ （唐）林杰 七夕今宵看碧霄， 牵牛织女渡河桥。 家家乞巧望秋月， 穿尽红丝几万条。		十五夜望月寄杜郎中㉗ （唐）王建 中庭地白树栖鸦， 冷露无声湿桂花。 今夜月明人尽望， 不知秋思落谁家？		九月九日忆山东兄弟㉞ （唐）王维 独在异乡为异客， 每逢佳节倍思亲。 遥知兄弟登高处， 遍插茱萸少一人。

十月		十一月		十二月	
寒衣节	农历十月初一寒衣节，流行于北方，祭扫，为父母、爱人送御寒衣物。	冬至	年关将近，祭祖，各地有吃年糕、羊肉等风俗。	小年	人们祭灶，开始准备年货，准备干干净净过个好年。
	余干旅舍㉟ （唐）刘长卿 渡口月初上， 邻家渔未归。 乡心正欲绝， 何处捣寒衣？				

中国人的家庭观念特别重，为什么？这又是一个"研究课题"。

016 二十四节气

- 春分　油菜花开，燕子归来
- 清明　雨纷纷
- 谷雨　农民开始播种
- 立夏　天气热起来，樱桃红了
- 小满　小满，小满，麦粒渐满，麦子散发清香
- 芒种　收麦子，种稻谷，螳螂在草丛间跳跃
- 夏至　炎炎夏日来临
- 小暑　少雨干燥，虫儿夜夜大合唱
- 大暑　荷花开，知了叫
- 立秋　萤火虫，飞到西来飞到东
- 处暑　蝉鸣叫，热气退
- 白露　露水多，燕子飞回北方啦
- 秋分　霜叶红了
- 寒露　菊花开放
- 霜降　片片叶子落下来
- 立冬　水开始结冰
- 小雪　雪花飘啊飘
- 大雪　又可以堆雪人打雪仗
- 冬至　夜晚那么安静
- 小寒　喜鹊开始筑巢
- 大寒　母鸡开始孵小鸡
- 立春　冰雪消融，梅花绽放窗前
- 雨水　雪减少，雨渐多，雁儿向北飞去
- 惊蛰　春雷响，虫子惊，桃花朵朵开

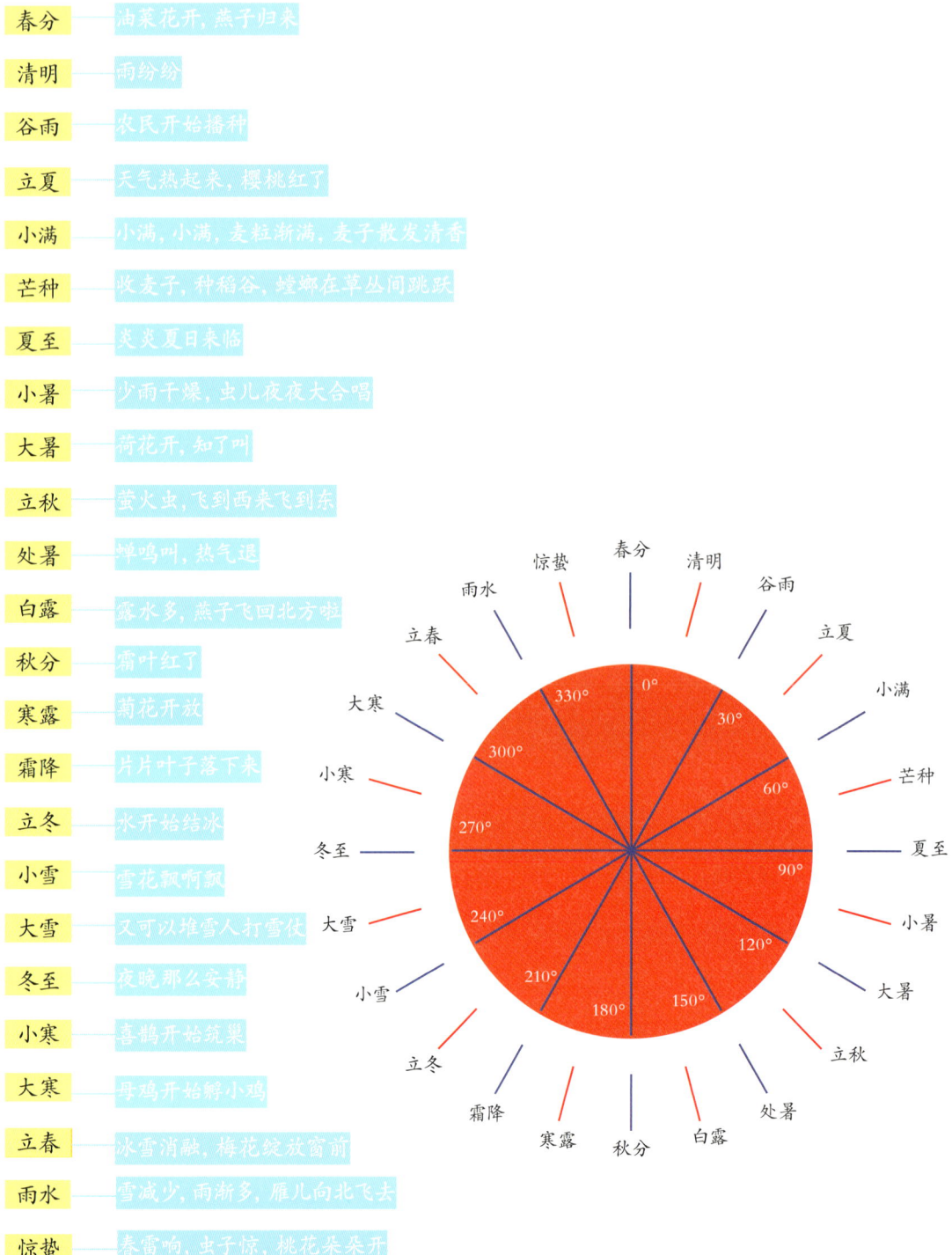

Question

你知道这些诗句写的是哪个节气吗？

好雨知时节，当春乃发生，①
随风潜入夜，润物细无声。

绿蚁新醅酒，红泥小火炉。㉓
晚来天欲雪，能饮一杯无？

草长莺飞二月天，⑪
拂堤杨柳醉春烟。

清明时节雨纷纷，㉜
路上行人欲断魂。

泉眼无声惜细流，⑬
树阴照水爱晴柔。
小荷才露尖尖角，
早有蜻蜓立上头。

银烛秋光冷画屏，㊱
轻罗小扇扑流萤。
天阶夜色凉如水，
坐看牵牛织女星。

蒹葭苍苍，白露为霜。㊲

采菊东篱下，悠然见南山。㊳
山气日夕佳，飞鸟相与还。

寒露
（10月8日前后）

采菊东篱下，悠然见南山。
山气日夕佳，飞鸟相与还。

白露
（9月8日前后）

蒹葭苍苍，白露为霜。

大暑
（7月23日前后）

银烛秋光冷画屏，
轻罗小扇扑流萤。
天阶夜色凉如水，
坐看牵牛织女星。

小满
（5月20日前后）

泉眼无声惜细流，
树阴照水爱晴柔。
小荷才露尖尖角，
早有蜻蜓立上头。

清明
（4月5日前后）

清明时节雨纷纷，
路上行人欲断魂。

春分
（3月21日前后）

草长莺飞二月天，
拂堤杨柳醉春烟。

小雪
（11月23日前后）

绿蚁新醅酒，红泥小火炉。
晚来天欲雪，能饮一杯无？

雨水
（2月18日前后）

好雨知时节，当春乃发生，
随风潜入夜，润物细无声。

参考答案↑

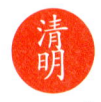

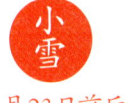

Chapter
02

送别
一枝柳

■ 今天，人们谈到送别，并不愁苦。人们出行的工具，通常是汽车、火车、飞机，非常便捷。分别后随时都可以向亲友报平安，可以打电话、视频聊天，也可以每天更新微博、微信朋友圈，与亲友分享生活的点点滴滴。实在想念了，还可打个"飞的"回家看看。

而在古代，人们出行交通极为不便，除了步行之外，只剩马车和木舟了，一路上，往往要历尽艰辛。不论是在赶路，还是在旅店住宿，都要冒着极大的生命危险，可能生病，可能被抢劫，可能面临恶劣的天气、环境。有时一旦分别，几年，甚至几十年，才能再次见面；甚至有时一旦分别，便是永远的分离。周昭王在外巡游时，不幸死于沉船。明朝旅行家徐霞客在旅途中3次遭到匪徒洗劫，4次彻底断粮，55岁在云南旅行时，染上重病，回家后第二年就去世了。张骞出使西域，被匈奴俘获，13年后，才重回汉朝。

因此，古人对离别特别重视，特别伤感。从古到今，有许许多多的送别诗。

022 送别一枝柳

下面的诗中，有三首写到了"分别"，写到了"相送"。找到后，在 ○ 里打勾。

○

望庐山瀑布
（唐）李白

日照香炉生紫烟，
遥看瀑布挂前川。
飞流直下三千尺，
疑是银河落九天。

○

诗经·采薇

昔我往矣，杨柳依依。
今我来思，雨雪霏霏。
行道迟迟，载渴载饥。
我心伤悲，莫知我哀！

○

送元二使安西
（唐）王维

渭城朝雨浥轻尘，
客舍青青柳色新。
劝君更尽一杯酒，
西出阳关无故人。

○

凉州词
（唐）王翰

葡萄美酒夜光杯，
欲饮琵琶马上催。
醉卧沙场君莫笑，
古来征战几人回？

○

枫桥夜泊
（唐）张继

月落乌啼霜满天，
江枫渔火对愁眠。
姑苏城外寒山寺，
夜半钟声到客船。

○

送别
（隋）佚名

杨柳青青著地垂，
杨花漫漫搅天飞。
柳条折尽花飞尽，
借问行人归不归？

这三首诗中,有两首是典型的"送别诗",《诗经·采薇》写到了送别的场景。谁和谁分别?
他们为什么要分别?

诗经·采薇

昔我往矣,杨柳依依。
今我来思,雨雪霏霏。
行道迟迟,载渴载饥。
我心伤悲,莫知我哀!

这首诗里提到了一个年轻男子和他家人的分别。

周代北方的少数民族犬戎十分强悍,经常入侵中原,给当时北方人民的生活带来不少灾难。历史上,周朝的天子经常派兵守卫边疆。《诗经·采薇》就记录了一个男子被派往偏远的边疆和家人分别的情景。这个男子回想当初出征时,杨柳依依随风吹,还是春天;等回来的时候,已是大雪纷飞的冬天。回家的途中,道路泥泞难走,又渴又饥又累,心里非常难过。

送别
(隋)佚名

杨柳青青著地垂,
杨花漫漫搅天飞。
柳条折尽花飞尽,
借问行人归不归?

这首诗里提到了一对夫妻的分别。

很多人说,这是写一个女子想念她的丈夫。夫妻的分别应该在前一年(或者更早),分别的时候,柳色初青,两个人折柳相赠,约定第二年相聚。好容易盼来归期,妻子天天到送别之处去等,眼看柳条由初青而"青青著地",杨花由初绽而"漫漫搅天",又眼看"柳条"被那些送行者今天折、明天折,以至于折尽,"杨花"又逐渐落地入池,以至无踪无影,而丈夫还不见归来。于是,妻子不禁从内心深处发出疑问:丈夫啊!你究竟回来还是不回来?

丈夫为什么不回来呢?有人推测丈夫是被抓壮丁去开凿京杭大运河了。

送元二使安西
(唐)王维

渭城朝雨浥轻尘,
客舍青青柳色新。
劝君更尽一杯酒,
西出阳关无故人。

这首诗是王维送朋友元二去西北边疆时写的。这位姓元的友人是奉朝廷的使命前往安西的,当时的安西(今新疆库车一带)是穷荒绝域,能想象得到生活非常艰辛,而且路途也非常遥远。这天,王维和元二在渭城送别。清晨刚下阵雨,整个渭城空气清新,尘土湿润,旅舍青翠。王维不断让友人再喝一杯酒,因为他心里知道好友西出阳关之后,就很难再见面了。

读了这三首和"送别"有关的诗,你发现共同点了吗?

推测一 古人在送别之时，有"折柳相送"的习俗。

推测二 "柳"与"留"谐音，写柳树有希望朋友留下来的意思。

推测三 柳条好插易活，在诗中提到柳树是对去远方的朋友的美好祝愿。

推测四 柳条在风中飘荡，让人联想到一种流离的情感。

推测五 《诗经》是我国最早的诗歌总集，对后世诗人的创作影响很大。《诗经·采薇》里写到"昔我往矣，杨柳依依"，之后人们就用"杨柳依依"来比喻人依依不舍的情感。

你还有其他的推测吗？

久而久之"柳"成为一种意象。当一样东西，被作者用来寄托某种情感的时候，这样东西就成了意象。

为什么那么多送别诗，会写到"柳"呢？

诗经·采薇

昔我往矣，杨柳依依。
今我来思，雨雪霏霏。
行道迟迟，载渴载饥。
我心伤悲，莫知我哀！

送别

（隋）佚名

杨柳青青著地垂，
杨花漫漫搅天飞。
柳条折尽花飞尽，
借问行人归不归？

送元二使安西

（唐）王维

渭城朝雨浥轻尘，
客舍青青柳色新。
劝君更尽一杯酒，
西出阳关无故人。

Question
这三首诗，除了都出现了"柳"，还有什么共同点？

共同点一	都是前面"写景"，后面"抒情"
共同点二	都是难舍难分，比较伤心
共同点三	分别的原因往往和"朝廷"有关系

送别

（近代）李叔同

长亭外，古道边，
芳草碧连天。
晚风拂柳笛声残，
夕阳山外山。
天之涯，地之角，
知交半零落。
一壶浊酒尽余欢，
今宵别梦寒。

两百多年前，一个叫奥特威的美国人写了一首歌《梦见家和母亲》。后来，这首歌流传到日本。正在日本留学的李叔同重新写了歌词。李叔同可是个天才，在诗、词、书、画方面都有很高的造诣。他写的歌词太好了，《送别》在中国一下子流传开来，成为经典。

Question
在这首歌词里，藏着许多"送别"的经典意象。你能找出来吗？

送别

（近代）李叔同

长亭外，古道边，

芳草碧连天。

晚风拂柳笛声残，

夕阳山外山。

天之涯，地之角，

知交半零落。

一壶浊酒尽余欢，

今宵别梦寒。

天下伤心处，劳劳送客亭。（唐·李白《劳劳亭》）㊺

何处是归程？长亭更短亭。（唐·李白《菩萨蛮》）㊻

长亭：古代每十里设一长亭，每五里设一短亭，供行人休息与送别。

古道

古道西风瘦马。夕阳西下，断肠人在天涯。（元·马致远《天净沙·秋思》）㊼

古道：古老的驿道。

芳草

离离原上草，一岁一枯荣。
野火烧不尽，春风吹又生。
远芳侵古道，晴翠接荒城。
又送王孙去，萋萋满别情。（唐·白居易《赋得古原草送别》）㊽

芳草：古道两旁的野草繁密茂盛，每年一度枯萎一度繁荣，就像人们的思念一样绵延不绝，伸向远方。

笛声

扬子江头杨柳春，杨花愁杀渡江人。
数声风笛离亭晚，君向潇湘我向秦。（唐·郑谷《淮上与友人别》）㊾

笛声：古时人们送别时还要唱歌，也有专门为送别而作的曲子，因为笛声很幽怨，用笛子来吹奏这些曲子更能表达情感。

夕阳

浮云游子意，落日故人情。（唐·李白《送友人》）㊿

夕阳：旧时人们为了安全，都是早早起来赶路，黄昏前尽量早点找到歇息的地方。因此，当夕阳西下，人们都特别想能有一个家一样的地方安顿下来，也就更思念家。

天之涯

海内存知己，天涯若比邻。（唐·王勃《送杜少府之任蜀州》）(51)

天涯海角：朋友远在他乡，年年不能相见，感觉就像在天涯海角一样遥远。

酒

劝君更尽一杯酒，西出阳关无故人。（唐·王维《送元二使安西》）㊸

酒：行人离别时，饯行酒总是要喝的，因此，谈及离别，喝酒自然是其中重要的一个场景。

梦

别来老大苦修道，炼得离心成死灰。
平生忆念消磨尽，昨夜因何入梦来？（唐·白居易《梦旧》）

梦：常言道“日有所思，夜有所梦”。游子最魂牵梦萦的就是故乡，因此，“梦”经常出现在诗词中。

没有"送别"的柳树

那么,是不是所有提到柳树的诗,都跟送别有关呢?未必。我们来读一读下面一组诗吧。

● 咏柳⑩
（唐）贺知章

碧玉妆成一树高,
万条垂下绿丝绦。
不知细叶谁裁出,
二月春风似剪刀。

● 绝句㊾
（唐）杜甫

两个黄鹂鸣翠柳,
一行白鹭上青天。
窗含西岭千秋雪,
门泊东吴万里船。

● 钱塘湖春行⑧
（唐）白居易

孤山寺北贾亭西,
水面初平云脚低。
几处早莺争暖树,
谁家新燕啄春泥。
乱花渐欲迷人眼,
浅草才能没马蹄。
最爱湖东行不足,
绿杨阴里白沙堤。

● 闲居初夏午睡起（其一）⑮

（宋）杨万里

梅子留酸软齿牙，
芭蕉分绿与窗纱。
日长睡起无情思，
闲看儿童捉柳花。

● 游山西村㊳

（宋）陆游

莫笑农家腊酒浑，
丰年留客足鸡豚。
山重水复疑无路，
柳暗花明又一村。
箫鼓追随春社近，
衣冠简朴古风存。
从今若许闲乘月，
拄杖无时夜叩门。

● 村居⑪

（清）高鼎

草长莺飞二月天，
拂堤杨柳醉春烟。
儿童散学归来早，
忙趁东风放纸鸢。

Chapter
03

Chapter 03

万里行舟

■ 诗歌与生活是密切相关的。从古到今,交通工具不断在变化。

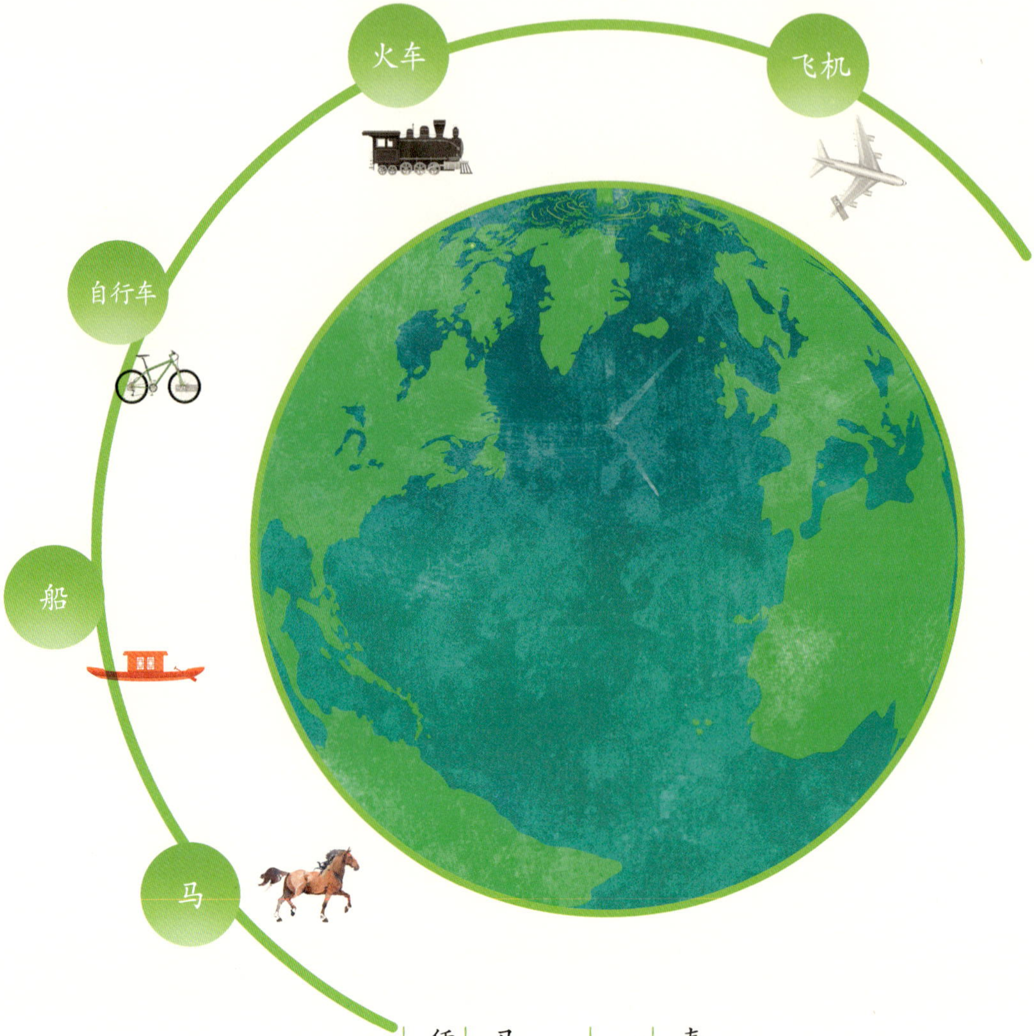

春风得意马蹄疾，(54)
一日看尽长安花。

马上相逢无纸笔，(55)
凭君传语报平安。

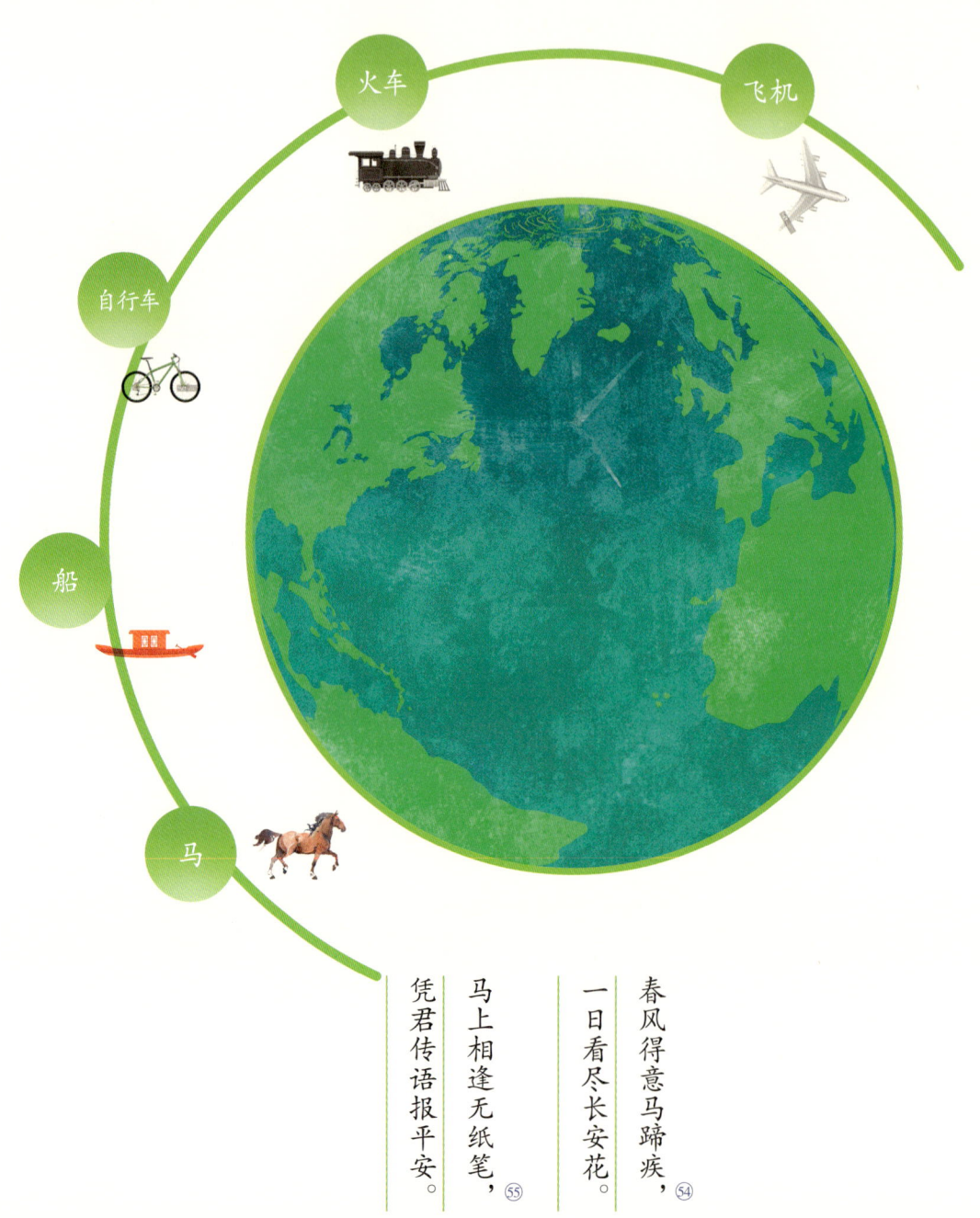

"舟车劳顿""水陆兼程",在古代,人们远行经常要走水路,要坐船。

舭	船
舡	船
舠	小船
舩	船
艒	小船
艖	小船
䑸	船
艃	船
䑩	船
艆	海中大船
艁	小船
䑻	古代吴船
艨	船
艘	大船
艘	船
艬	船
艓	小船
舣	渡船
舴	小船
舸	大船
舰艇	各种军用船只的总称
舢板	小船
艅艎	吴王大舰名,后泛指大船、大型战舰
艚子	载货的木船,有货舱、舵楼
舲	有窗户的小船

船

移舟泊烟渚，日暮客愁新。㊶

兴尽晚回舟，误入藕花深处。㊷

客路青山外，行舟绿水前。㊸

李白乘舟将欲行，忽闻岸上踏歌声。㊹

两岸猿声啼不住，轻舟已过万重山。㊺

仍怜故乡水，万里送行舟。㊻

窗含西岭千秋雪，门泊东吴万里船。㊼

沉舟侧畔千帆过，病树前头万木春。㊽

● 看这张"表格"，你有什么发现吗？

诗名	作者	朝代	含舟诗句	背景	诗中地点	情感
绝句㊺	杜甫	唐	窗含西岭千秋雪,门泊东吴万里船。	战乱平定	成都	高兴
旅夜书怀㊶	杜甫	唐	细草微风岸,危樯独夜舟。	宦途不顺	离开成都去重庆途中	孤苦凄凉
登岳阳楼㊷	杜甫	唐	亲朋无一字,老病有孤舟。	国势动荡不安	岳阳楼	孤苦凄凉
春夜喜雨①	杜甫	唐	野径云俱黑,江船火独明。	定居	成都	喜悦,赞美
赠汪伦㊻	李白	唐	李白乘舟将欲行,忽闻岸上踏歌声。	送别	安徽	惜别
早发白帝城㊼	李白	唐	两岸猿声啼不住,轻舟已过万重山。	流放途中遇赦	白帝城至江陵途中	喜悦
渡荆门送别㊽	李白	唐	仍怜故乡水,万里送行舟。	少年远游,思乡	出蜀漫游	思乡
黄鹤楼送孟浩然之广陵㊸	李白	唐	孤帆远影碧空尽,唯见长江天际流。	送别	武昌	惜别,向往
望天门山㊹	李白	唐	两岸青山相对出,孤帆一片日边来。	远游	天门山	自由,洒脱
宣州谢朓楼饯别校书叔云㊺	李白	唐	人生在世不称意,明朝散发弄扁舟。	宦途不顺	宣州谢朓楼	愁苦
行路难(其一)㊻	李白	唐	长风破浪会有时,直挂云帆济沧海。	宦途不顺	离开长安	乐观,潇洒
宿建德江㊾	孟浩然	唐	移舟泊烟渚,日暮客愁新。	宦途不顺	浙江建德	忧愁
宿桐庐江寄广陵旧游㊼	孟浩然	唐	风鸣两岸叶,月照一孤舟。	宦途不顺,怀友	桐庐江	无奈、惆怅
望洞庭湖赠张丞相㊽	孟浩然	唐	欲济无舟楫,端居耻圣明。	宦途不顺,赠友	洞庭湖	惆怅,向往
如梦令·常记溪亭日暮㊾	李清照	宋	兴尽晚回舟,误入藕花深处。	回忆年少时的好心情	汴京	喜悦
酬乐天扬州初逢席上见赠㊿	刘禹锡	唐	沉舟侧畔千帆过,病树前头万木春。	宦途不顺	扬州	辛酸
江雪㊹	柳宗元	唐	孤舟蓑笠翁,独钓寒江雪。	宦途不顺	永州	孤寂
江村即事㊺	司空曙	唐	钓罢归来不系船,江村月落正堪眠。	定居	江村	自然,悠闲
临江仙·夜饮东坡醒复醉㊻	苏轼	宋	小舟从此逝,江海寄余生。	宦途不顺	黄州	潇洒,旷达
次北固山下㊽	王湾	唐	客路青山外,行舟绿水前。	思乡	北固山下	思乡,忧愁
滁州西涧㊼	韦应物	唐	春潮带雨晚来急,野渡无人舟自横。	宦途不顺	滁州	向往自由
枫桥夜泊㊹	张继	唐	姑苏城外寒山寺,夜半钟声到客船。	战乱	姑苏寒山寺	漂泊,愁苦

● 其中一个发现：诗人借舟表达三种情感

孤舟蓑笠翁，独钓寒江雪。

风鸣两岸叶，月照一孤舟。

孤帆远影碧空尽，唯见长江天际流。

两岸青山相对出，孤帆一片日边来。

细草微风岸，危樯独夜舟。

亲朋无一字，老病有孤舟。

姑苏城外寒山寺，夜半钟声到客船。

人生在世不称意，明朝散发弄扁舟。

春潮带雨晚来急，野渡无人舟自横。

小舟从此逝，江海寄余生。

钓罢归来不系船，江村月落正堪眠。

长风破浪会有时，直挂云帆济沧海。

欲济无舟楫，端居耻圣明。

040 为什么孤独？为什么忧愁？

孤舟蓑笠翁，独钓寒江雪。

风鸣两岸叶，月照一孤舟。

孤帆远影碧空尽，唯见长江天际流。

细草微风岸，危樯独夜舟。

亲朋无一字，老病有孤舟。

姑苏城外寒山寺，夜半钟声到客船。

孟浩然：客居他乡，想念老友，心里孤寂

张继：旅居异乡，孤身一人，心里忧愁

杜甫：晚年漂泊西南天地间，居无定所

杜甫：安史之乱后，经常带着家人漂泊、流浪

李白：朋友要远去，心里很不舍

柳宗元：被贬异乡，政治失意，心情苦闷

为什么向往自由？

人生在世不称意，明朝散发弄扁舟。

小舟从此逝，江海寄余生。

钓罢归来不系船，江村月落正堪眠。

春潮带雨晚来急，野渡无人舟自横。

李白：在长安待了近两年，理想和抱负都没实现。于是他就希望像『舟』一样，无拘无束，自由自在云游四方，做一个真正的『谪仙人』。

苏轼：满腹才华，却受尽冤屈，获罪流放。于是他就羡慕『舟』，想躲开名利场，归隐江湖，自由自在。

司空曙：唐代大历年间进士，磊落有奇才。性情耿直，不干权要。他特别喜欢『不系之舟』，向往自由自在的生活。

韦应物：有志改革却无力改变，看着贫苦的百姓，心中内疚，进退两难。于是他就羡慕『舟』，横在江中，顺其自然。

042 为什么期盼朝廷重用？

长风破浪会有时，直挂云帆济沧海。

欲济无舟楫，端居耻圣明。

○ 孟浩然：

这首诗是孟浩然写给张九龄的。张九龄也是著名的诗人，官至中书令，为人正直。孟浩然在入京应试之前写这首诗给张九龄，『欲济无舟楫』就是说『我想渡水苦于找不到船与桨』，这算是说得很直白了，直接向张九龄表白：我想出仕求官，但一时找不到门路，希望你帮我。不要理解成孟浩然想走后门，在唐代，自信自己的才华可以安邦兴国，向有地位的人举荐自己是很正常的。

○ 李白：

看了这套书第一本第一章《李白的远游》，你就清楚这首诗的写作背景了。公元742年，李白奉诏入京，却没被唐玄宗重用，还受到排挤，两年后被撵出了长安。李白离开时，朋友们都来为他饯行，求仕无望写下他深感仕路的艰难，满怀愤慨写下了此篇《行路难》。但最后一句『直挂云帆济沧海』还是流露了心声：只要有机会，我就能建功立业，实现自己的抱负。

Chapter 04

Chapter 04

大漠边塞

618年,李渊在长安称帝,建立大唐王朝。从那时候起,大大小小的边疆战争不断,拓展着大唐的版图。为了维护其庞大版图的统治,唐代的历任天子陆续设立了都护府,不断派兵防护边疆。

边塞的将领中,不乏诗人,于是,"边塞诗"Duang 一下兴起了。

- 岑参充安西四镇节度使高仙芝幕府掌书记和北庭节度使封常清判官。（司令部所在地都在今天的新疆）

- 752年，49岁的高适担任凉州河西节度使哥舒翰幕府掌书记。

- 780年，李益再次到灵武，依附朔方节度使崔宁。

- 724年，27岁的王昌龄，赴河陇，出玉门。

- 736年，王维调任监察御史，后奉命出塞，担任凉州河西节度幕判官。（司令部所在地是现在的甘肃武威）

- 1041年5月，范仲淹改知庆州，戍守边关。

你在边塞诗中，经常会看到下面这些与战争有关的地名：

夜郎	龟兹	轮台	碛西
瀚海	阴山	安西	楼兰
玉门关	边关	受降城	凉州

塞外风景

你觉得"边塞"（也就是现在的新疆、甘肃一带），当时的环境是怎样的？

右边这些诗中，哪些句子是在写『边塞』的环境？你能对『边塞』的环境做一个总结吗？

凉州词
（唐）王翰

葡萄美酒夜光杯，
欲饮琵琶马上催。
醉卧沙场君莫笑，
古来征战几人回？

从军行（其四）
（唐）王昌龄

青海长云暗雪山，
孤城遥望玉门关。
黄沙百战穿金甲，
不破楼兰终不还。

逢入京使
（唐）岑参

故园东望路漫漫，
双袖龙钟泪不干。
马上相逢无纸笔，
凭君传语报平安。

使至塞上
（唐）王维

大漠孤烟直，
长河落日圆。
萧关逢候骑，
都护在燕然。

凉州词
（唐）王之涣

黄河远上白云间，
一片孤城万仞山。
羌笛何须怨杨柳，
春风不度玉门关。

出塞
（唐）王昌龄

秦时明月汉时关，
万里长征人未还。
但使龙城飞将在，
不教胡马度阴山。

在符合的诗词圆圈里画上相应图形

夜上受降城闻笛

（唐）李益

回乐峰前沙似雪，
受降城外月如霜。
不知何处吹芦管，
一夜征人尽望乡。

塞下曲（其三）

（唐）卢纶

月黑雁飞高，
单于夜遁逃。
欲将轻骑逐，
大雪满弓刀。

马诗

（唐）李贺

大漠沙如雪，
燕山月似钩。
何当金络脑，
快走踏清秋。

白雪歌送武判官归京

（唐）岑参

北风卷地白草折，
胡天八月即飞雪。
忽如一夜春风来，
千树万树梨花开。
……
羌管悠悠霜满地。
人不寐，
将军白发征夫泪。

渔家傲·秋思

（宋）范仲淹

塞下秋来风景异，
衡阳雁去无留意。
四面边声连角起。
千嶂里，
长烟落日孤城闭。
浊酒一杯家万里，
燕然未勒归无计。
羌管悠悠霜满地。
人不寐，
将军白发征夫泪。

沙漠戈壁滩◆　人烟稀少●　经常起风沙■
冬天寒冷，大雪纷飞◎　河道纵横▲　四季如春★

当时"边塞"的环境基本是这样的：

塞外荒景
- 寒风白雪
  - 北风卷地白草折，胡天八月即飞雪。
  - 欲将轻骑逐，大雪满弓刀。
  - 青海长云暗雪山，孤城远望玉门关。
- 黄沙
  - 大漠沙如雪，燕山月似钩。
  - 回乐峰前沙似雪，受降城外月如霜。
- 长河
  - 大漠孤烟直，长河落日圆。
  - 黄河远上白云间，一片孤城万仞山。
- 孤城
  - 黄河远上白云间，一片孤城万仞山。
  - 千嶂里，长烟落日孤城闭。
  - 青海长云暗雪山，孤城遥望玉门关。

诗人在"边塞诗"里一般表达了什么情感呢?

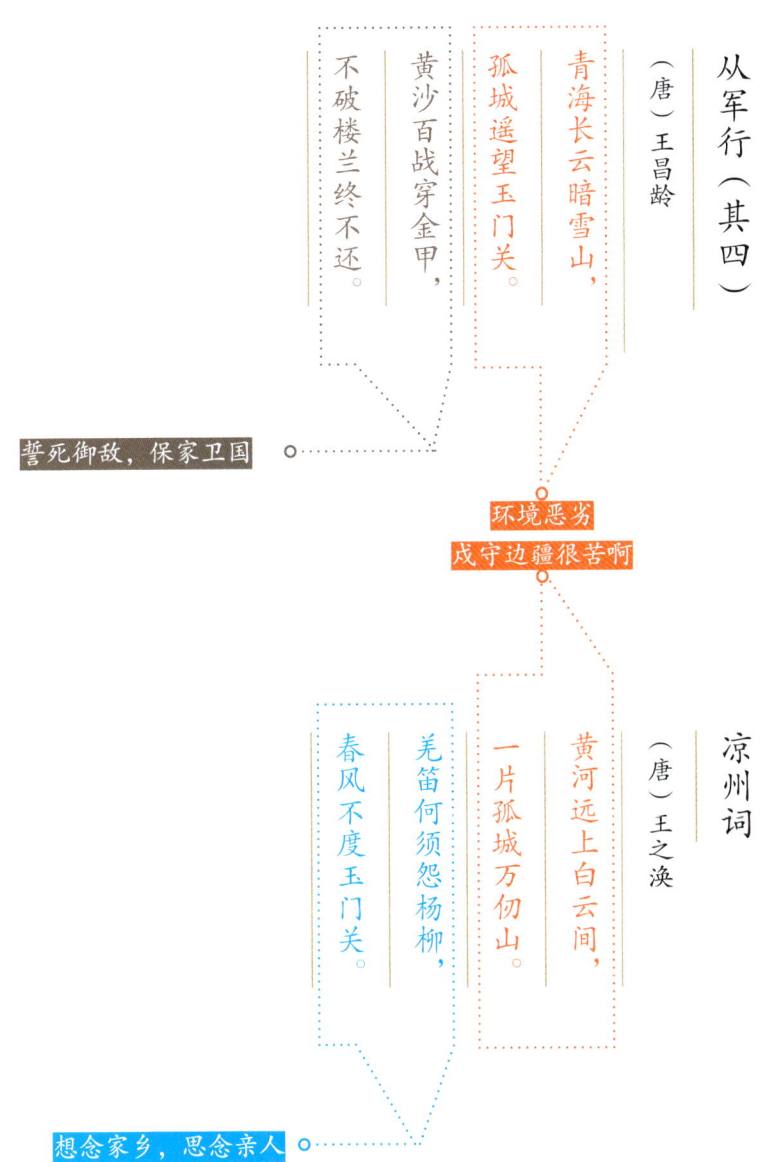

在下边的诗中，你看到这些情感了吗？

- 誓死御敌，保家卫国。
- 想念家乡，思念亲人。
- 环境恶劣，戍守边疆很苦。

凉州词
（唐）王翰

葡萄美酒夜光杯，
欲饮琵琶马上催。
醉卧沙场君莫笑，
古来征战几人回？

从军行（其四）
（唐）王昌龄

青海长云暗雪山，
孤城遥望玉门关。
黄沙百战穿金甲，
不破楼兰终不还。

逢入京使
（唐）岑参

故园东望路漫漫，
双袖龙钟泪不干。
马上相逢无纸笔，
凭君传语报平安。

使至塞上
（唐）王维

大漠孤烟直，
长河落日圆。
萧关逢候骑，
都护在燕然。

凉州词
（唐）王之涣

黄河远上白云间，
一片孤城万仞山。
羌笛何须怨杨柳，
春风不度玉门关。

出塞
（唐）王昌龄

秦时明月汉时关，
万里长征人未还。
但使龙城飞将在，
不教胡马度阴山。

夜上受降城闻笛

（唐）李益

回乐峰前沙似雪，
受降城外月如霜。
不知何处吹芦管，
一夜征人尽望乡。

马诗

（唐）李贺

大漠沙如雪，
燕山月似钩。
何当金络脑，
快走踏清秋。

塞下曲（其三）

（唐）卢纶

月黑雁飞高，
单于夜遁逃。
欲将轻骑逐，
大雪满弓刀。

白雪歌送武判官归京

（唐）岑参

北风卷地白草折，
胡天八月即飞雪。
忽如一夜春风来，
千树万树梨花开。

渔家傲·秋思

（宋）范仲淹

塞下秋来风景异，
衡阳雁去无留意。
四面边声连角起。
千嶂里，
长烟落日孤城闭。

浊酒一杯家万里，
燕然未勒归无计。
羌管悠悠霜满地。
人不寐，
将军白发征夫泪。

大部分"边塞诗",都在抒发这三种情感:

边塞诗
- 报国之情（誓死御敌）
  - 醉卧沙场君莫笑,古来征战几人回?
  - 黄沙百战穿金甲,不破楼兰终不还。
  - 但使龙城飞将在,不教胡马度阴山。
- 戍边之苦
  - 千嶂里,长烟落日孤城闭。
  - 黄河远上白云间,一片孤城万仞山。
  - 大漠孤烟直,长河落日圆。
  - 回乐峰前沙似雪,受降城外月如霜。
  - 大漠沙如雪,燕山月似钩。
  - 北风卷地白草折,胡天八月即飞雪。
  - 青海长云暗雪山,孤城遥望玉门关。
- 思乡之情
  - 不知何处吹芦管,一夜征人尽望乡。
  - 人不寐,将军白发征夫泪。
  - 故园东望路漫漫,双袖龙钟泪不干。

Chapter
05

Chapter
05

古诗里的数字

■ 《唐诗三百首》中含有数字的诗多达130余首,几乎占了总数的一半。听到这个数字,你是不是感到很惊讶?

古诗里的数字,往往能化平淡为神奇;古诗里的数字,能使古诗增添姿色,能使诗句灵活飞动。

当我们把很多首数字古诗放在一起品读时,还会有不一样的发现。

古诗里的数字

一 / 1
- 春色满园关不住，一枝红杏出墙来。㉔
- 君看一叶舟，出没风波里。㊸
- 前村深雪里，昨夜一枝开。㊽

壹

二 / 2
- 两个黄鹂鸣翠柳，一行白鹭上青天。㉒
- 两岸猿声啼不住，轻舟已过万重山。㊿
- 三顾频烦天下计，两朝开济老臣心。㊺

贰

三 / 3
- 池上碧苔三四点，叶底黄鹂一两声。㊻
- 解落三秋叶，能开二月花。㊼

叁

四 / 4
- 四海无闲田，农夫犹饿死。㊽

肆

五 / 5
- 日暮汉宫传蜡烛，轻烟散入五侯家。㊾

伍

六 / 6
- 草铺横野六七里，笛弄晚风三四声。㊿

陆

七 / 7
- 七八个星天外，两三点雨山前。㊹

柒

八 8 — 七八个星天外,两三点雨山前。⑯ — 捌

九 9 — 一片两片三四片,五六七八九十片。
千片万片无数片,飞入梅花总不见。 — 玖

十年磨一剑,霜刃未曾试。㉑

十 10 — 一片两片三四片,五六七八九十片。 — 拾

十年生死两茫茫,不思量,自难忘。㉒

百 100 — 百川东到海,何时复西归?㉓
危楼高百尺,手可摘星辰。㉔
采得百花成蜜后,为谁辛苦为谁甜? ㉕ — 佰

千 1000 — 白发三千丈,缘愁似个长。㉖
桃花潭水深千尺,不及汪伦送我情。㊴
朝辞白帝彩云间,千里江陵一日还。㊵
飞流直下三千尺,疑是银河落九天。㊷ — 仟

万 10000 — 千山鸟飞绝,万径人踪灭。㉑
过江千尺浪,入竹万竿斜。㊲
万里悲秋常作客,百年多病独登台。③ — 万

064 "一"字写进诗

我们先来看一些摄影作品。

你们看到了吧?
天地间只有一棵树,
茫茫湖面上只有一叶小舟,
万绿丛中只有一点红,
你的注意力在哪里?
你的视线停留在哪里?
你产生了怎样的感觉?
相信你的目光一定聚焦在一棵树上,一叶小舟上,一点红上。
画面很干净,很简洁,
但是很有震撼力。

诗人也经常在诗词里营造这样的效果。
诗人把"一"字写进诗的时候,
"一"字后面跟着的事物就成为聚焦点。

一棵树

一叶小舟

一点红

游园不值

（宋）叶绍翁

应怜屐齿印苍苔，
小扣柴扉久不开。
春色满园关不住，
一枝红杏出墙来。

当我们读到"一枝红杏出墙来"时，整幅画面，最显眼的、最引人注目的是什么？当然是那一枝红杏。那一枝红杏从洁白的墙头探出来，但探出来的不止是红杏，而是整个春天啊。如果是两枝三枝红杏，还有这样的效果吗？没有。

江上渔者

（宋）范仲淹

江上往来人，
但爱鲈鱼美。
君看一叶舟，
出没风波里。

当我们读到"君看一叶舟，出没风波里"时，整幅画面，最显眼的、最引人注目的是什么？是那一叶舟啊。你的视线会聚焦在江中那小小的渔船上，看着它在风浪中漂荡，一会儿看得见，一会儿看不见。你感受到捕鱼人的艰辛与危险。如果江里有两艘船三艘船，还有这个效果吗？没有。

旅夜书怀

（唐）杜甫

细草微风岸，危樯独夜舟。
星垂平野阔，月涌大江流。
名岂文章著，官应老病休。
飘飘何所似？天地一沙鸥。

当我们读到"天地一沙鸥"时，整幅画面，最显眼的、最引人注目的是什么？是那一只沙鸥啊。你的视线会聚焦在广阔的天空中那一只孤零零的沙鸥身上，你会感受到那一份寂寞和孤单。如果空中有两只三只沙鸥，会有这种效果吗？没有。

当"一"字写进诗的时候，我们的目光就会被这一个景物所吸引，它惹人关注，引人遐想。

066 一字诗

当很多"一"被写进一首诗的时候，会产生什么样的效果呢？我们来读几首带有很多"一"的"一字诗"。

你能把下面的字填进去变成一首诗吗？

无题 （清）陈沆

帆　仰　桨
渔　舟　钓
钩　江　笑
月　俯　明

一		一		一		
一	个	渔	翁	一		
一		一		一	场	
一				一	江	秋

● 陈沆

据说陈沆从小就是个成绩出众的孩子，5岁入私塾读书，10岁随父游湖南，12岁为诸生，并是县案首（即第一名），在当时可以说是个学霸。

在清朝嘉庆年间，陈沆去黄州赶赴选拔举人的乡试，求取功名。刚到巴河岸边，不巧渡船刚刚离岸，船上早坐满了各乡秀才。陈沆恳求船夫行个方便，将船开回岸边，一起渡他过河。

那船夫看到站在岸边的是位文质彬彬的书生，便乐呵呵地说："前往赶考的，一定是满腹文才。如果你能作一首包括十个'一'字的七言绝句，我马上调转船头，渡你过河。如果不能，那就请你耐心等待，等我先把这船才子送往黄州，上岸再喝上二两老酒，慢慢过来接你。"

陈沆一听急得直跺脚，忙说："请您先将渡船撑回头，我好作诗，您也好听得清楚，给予指点。"船夫摸了一下胡须，微笑着说："也好。"于是把船撑回岸边。

陈沆一脚跨了上去。这时，恰好江心划过一条渔船，只见一个渔翁坐在船头，身边搁着一根钓竿，双手划着桨，身子一俯一仰，悠然自得，还乐呵呵地唱着渔歌。陈沆举目四望，见江心秋波，正随风荡漾。

陈沆灵机一动，立即高声吟出这首"一字诗"。

船夫和满船秀才无不拍掌称赞，高兴地让出座位让陈沆坐下。后来，陈沆不但乡试中举，而且连中进士、夺取状元。

陈沆的"一字诗"，用了十个"一"字，错落有致，"一"的意思各不相同，每个"一"都具有鲜明的形象，写人状物，绘声绘色，很有诗情画意。

无题（清）纪晓岚

左侧字圈：橹　渔　占　舟　艄　声　公　钩　钓　独　呼　笑　秋　江

一	篙	一		一		
一	个			一		
一	拍	一		一		
一	人			一		

题秋江独钓图（清）王士祯

左侧字圈：独　蓑　高　扁　舟　寸　钩　江　人　曲　歌　笠　钓　秋

一		一		一		舟
一	丈	丝	纶	一		
一				一	樽	酒
一				一		

黄昏（清）何佩玉

左侧字圈：柳　水　寺　阳　山　斜　黄　叶　花　僧

一		一		一	渔	矶
一	林			一	鸟	飞
一		一		一		佛
一	林			一		归

无题
（清）纪晓岚

一篙一橹一渔舟，
一个艄公一钓钩。
一拍一呼一声笑，
一人独占一江秋。

无题
（清）陈沆

一帆一桨一渔舟，
一个渔翁一钓钩。
一俯一仰一场笑，
一江明月一江秋。

黄昏
（清）何佩玉

一花一柳一渔矶，
一抹斜阳一鸟飞。
一山一水一佛寺，
一林黄叶一僧归。

题秋江独钓图
（清）王士禛

一蓑一笠一扁舟，
一丈丝纶一寸钩。
一曲高歌一樽酒，
一人独钓一江秋。

读了这几首"一字诗"，你有什么发现吗？

"一"后面，有时跟着一个景物，有时跟着一个动作。

"一"字基本都是虚指，强调少。

……

070 "十、百、千、万"写进诗

在数学中,我们经常会遇见"十、百、千、万"这些数字,这几个数字是倍数关系:十个十就是一百,十个一百就是一千,十个一千就是一万。

但是在古诗里,它们的意思很多时候是一样的。为什么呢?

因为在古诗中,用很大的数字时,往往是表示夸张。

夸张是一种常见的修辞手法。适当地运用夸张,能更好地描绘诗中的画面,表达诗人的情感,让诗歌更加形象感人。

让我们一起走近下面四首数字很大的诗,感受古诗中数字的夸张。

数字很大的诗	运用夸张表达什么?
剑客 (唐)贾岛 **十**年磨一剑, 霜刃未曾试。 今日把示君, 谁有不平事?	贾岛用数字夸张告诉我们一把剑凝聚了多年的心血呀! 贾岛在诗中表达了自己的心声:我用十年的功夫来磨励这把宝剑,霜雪般锋利的剑刃还没试验过。我今天把它亮出来摆在您面前,请告诉我谁遇到了不公平的事? 难道真的用十年的时间才能磨好一把剑吗?其实不是的,这里的"十年"并不是指真正的"十年"。这里的"十"是一种夸张的说法,这里的"十年"是指凝聚了很多年的心血,非同一般。诗中"十年"衬托"一剑"的精良、锋利,用"一剑"衬托"十年"之功的辛苦。贾岛的胸怀大志也通过诗中的数字表达了出来。
蜂 (唐)罗隐 不论平地与山尖, 无限风光尽被占。 采得**百**花成蜜后, 为谁辛苦为谁甜?	罗隐用数字夸张告诉我们蜜蜂是多么辛劳啊! 无论是平原田野还是崇山峻岭,凡是鲜花盛开的地方,都是蜜蜂的领地。它们采尽无数的花酿成蜜后,到头来又是在为谁忙碌,为谁酿造醇香的蜂蜜呢? 诗中的"百"指的是蜜蜂采了很多很多的花,这个"百"是虚指,夸张地写出了蜜蜂劳动的辛苦。这首诗既赞美了辛苦劳动的人,也讽刺那些不劳而获的人。罗隐也借这首诗来感叹自己的人生:我像蜜蜂一样,把无数朵花辛辛苦苦采来,酿成蜂蜜,结果呢?这个蜂蜜自己吃不到,只为别人辛苦。

数字很大的诗

望庐山瀑布
（唐）李白

日照香炉生紫烟，
遥看瀑布挂前川。
飞流直下**三千尺**，
疑是银河落九天。

江雪
（唐）柳宗元

千山鸟飞绝，
万径人踪灭。
孤舟蓑笠翁，
独钓寒江雪。

运用夸张表达什么？

李白用数字夸张告诉我们庐山瀑布是多么壮观呀！

李白眼中的庐山瀑布是如此雄伟：香炉峰在红日的照耀下生起紫色烟雾，远远看去，瀑布像一条巨大的白练高挂于山川之间。瀑布从高崖上飞一样地腾空直落，好像有三千尺长，让人恍惚以为那是银河从九天倾泻到了人间。

诗中"三千尺"是一种极度的夸张，并不是说瀑布真的有三千尺长，而是通过这个"三千尺"让我们感受到瀑布一泻千里的壮观。这是一种惊心动魄的夸张，这种夸张能让我们看到庐山瀑布之美，美在它不可阻挡的气势，美在它壮丽飞动的景象。"三千尺"的夸张，也让我们感受到李白"万里一泻，来势犹壮"的诗风。

柳宗元用数字夸张告诉我们山野是如此空旷呀！

柳宗元描绘了一幅"寒江独钓图"：四周的山连绵起伏，一片空旷，没有了飞鸟的鸣叫和踪影。所有山内外的小路上，没有了人的行踪。只有在那宽广平静的江上，一个披着蓑衣戴着斗笠的老渔翁，一个人坐在孤零零的船上独自垂钓。

"千山"是指千万座山，"万径"是指千万条路。"千"和"万"两个数字在这里是虚指，夸张地写出了山野是多么空旷呀！

在这么空旷的山野内，鸟绝迹了，人绝踪了，真是白茫茫一片大地。柳宗元用"千山""万径"的凄凉，衬托出了渔翁在雪天寒江独钓的孤独不屈。

072 "六"和"九",特别的数字

"六"和"九",在古代是个特别的数字。在古人眼中,"九"是神圣的,"六"是吉祥的。

1 六部儒家经典称为"六经"或"六艺"。

2 诸子中最著名的阴阳、儒、墨、名、法、道家总称"六家"。

3 官制设有"六府";汉代官职有"六曹"。

4 隋唐政制设"六部";朝廷军队称"六军"。

5 皇后的寝宫称"六宫"。

6 古代把亲属关系归纳为"六亲"。

7 妇女怀孕称为"身怀六甲"。

8 民间有"六六大顺"的吉语,农历带有"六"的日子,如初六、十六、二十六,被视为举行婚礼的吉日。

己亥杂诗

（清）龚自珍

九州生气恃风雷，
万马齐喑究可哀。
我劝天公重抖擞，
不拘一格降人才。

古代流行"九九归一"的说法，"九"代表了一个物质阳气的终结，新一轮周期的开始。

"九"是从龙形的图腾演化而来的，古人因此借"九"来比喻君王。古代的君王也称为"九五之尊"。

"九"字的大写是"玖"，王字旁代表美玉，因此"玖"字被视为神圣吉祥，天长地久。

"九"在古代不指具体数字，而是表示多，表示极限，如天分九层，最高的为"九重天"，是指极高的天空。

在这首诗中龚自珍表达了这样的想法：要想使国家兴旺发达，就得依靠像风雷一样能振奋人心的思想言论。全国一片死气沉沉的局面，实在是太可悲了。希望老天爷重新振作起精神来，不要拘于一种规格，为人间降下各种各样有用的人才。

诗中的"九州"指什么呢？"九州"指的是中国。相传大禹治水后，中国就被分为：冀州、兖州、青州、徐州、扬州、荆州、豫州、梁州、雍州，因为"九"在人们眼中是神圣的象征，所以中国就被划分为"九"个部分。"九州"这个词也让我们感受到中国是如此的辽阔。

074 古诗里的"数字"都是虚指吗?

古诗里的"数字"都是虚指吗?并不是。

古诗中的"数字"有两种情况:一种是**"虚指"**,另一种是**"实指"**。

"虚指"是指古诗中的数字不能准确地反映出事物的数量,有时往往是一种夸张。

"实指"是指古诗中的数字能准确地反映出事物的数量。"实指"的数字必须真实、准确、贴切。

我们一起来读读下面这几句诗,你能区分哪些数字是"虚指",哪些数字是"实指"吗?

读诗句,区分虚和实

实	
③顾频烦天下计, 两朝开济老臣心。	"三顾频烦天下计"里的"三",是实指,指刘备三顾茅庐请诸葛亮出山相助,也指诸葛亮为刘备制定三分天下的计策。
两岸猿声啼不住, 轻舟已过万重山。	
解落三秋叶, 能开二月花。	"两朝开济老臣心"里的"两"让我们想起了诸葛亮先辅助刘备开创帝业,后又辅佐刘禅支撑困难局面。这里的数字"两"实指刘备、刘禅父子两朝。
日暮汉宫传蜡烛, 轻烟散入五侯家。	

虚	
池上碧苔三四点, 叶底黄鹂一两声。	"三四点"写出了池边的青苔是疏疏落落的,不多不少。"一两声"写出了林阴深处,偶尔传来几声黄鹂鸟的叫声。
七八个星天外, 两三点雨山前。	"七八"指天上的星星稀稀落落的,不多不少,"两三"是指轻微的阵雨,不多不少,刚刚好。这几个数字写出了清幽的夜色,恬静的气氛。
草铺横野六七里, 笛弄晚风三四声。	

把十个数字都用到一首诗中,可以称为"十字诗"。一首诗,二十个字,或者二十八个字,其中竟然有十个字是数字,这难度可想而知。

山村咏怀
（宋）邵雍

一去二三里,
烟村四五家。
亭台六七座,
八九十枝花。

北宋理学家邵雍有一首很著名的启蒙诗《山村咏怀》,这首诗开启了"十字诗"的先河。诗中寥寥几笔,就生动地勾勒出了一幅景色宜人的乡村田园风光图。诗中巧妙而自然地用十个数字,依次把烟村、亭台和花木等错落有致地连接起来,奏出了活泼欢快的旋律。这样,山村的幽静清丽的图景,就呈现在读者的面前了。

咏雪
（清）郑板桥

一片两片三四片,
五六七八九十片。
千片万片无数片,
飞入梅花总不见。

在民间流传最广的"十字诗"要属郑板桥写的《咏雪》。这首诗的前三句平淡无奇,如稚童数数,几乎很难称得上是诗;最后一句,却奇峰突起,令人耳目一新,仿佛看到一剪寒梅傲立雪中,斗寒吐妍。让我们感受到"先抑后扬"的妙处,领会到什么叫"诗贵一联精"。

Chapter
06

Chapter 06

诗词中的颜色

■ 我们的生活离不开多彩的颜色,古人写诗更离不开颜色,颜色在古诗中有着很重要的地位。

停车坐爱枫林晚，
霜叶红于二月花。⑲

一年好景君须记，
正是橙黄橘绿时。⑨

两个黄鹂鸣翠柳，
一行白鹭上青天。㊾

碧玉妆成一树高，
万条垂下绿丝绦。⑩

返景入深林，
复照青苔上。⑩

春来江水绿如蓝。⑩
能不忆江南？

日照香炉生紫烟，
遥看瀑布挂前川。㊷

颜色的秘密

古人写诗用颜色，是很讲究的。

我们把含有颜色的诗词放在一起看，就会有些发现。

青绿 白 红 黄

孤村落日残霞，轻烟老树寒鸦，一点飞鸿影下。青山绿水，白草红叶黄花。
⑩

青绿（碧） 白

江碧鸟逾白，山青花欲燃。今春看又过，何日是归年？
⑩

青绿 白

西塞山前白鹭飞，桃花流水鳜鱼肥。青箬笠，绿蓑衣，斜风细雨不须归。
⑩

青绿（翠） 白

湖光秋月两相和，潭面无风镜未磨。遥望洞庭山水翠，白银盘里一青螺。
⑰

绿 白 红

鹅，鹅，鹅，曲项向天歌。白毛浮绿水，红掌拨清波。

绿 🟢
红 🔴

昨夜雨疏风骤，浓睡不消残酒。试问卷帘人，却道海棠依旧。知否，知否？应是绿肥红瘦。⑮

绿（碧）🟢
红 🔴

毕竟西湖六月中，风光不与四时同。接天莲叶无穷碧，映日荷花别样红。⑫

绿 🟢
红 🔴

红了樱桃，绿了芭蕉。⑯

绿 🟢
红 🔴

千里莺啼绿映红，水村山郭酒旗风。南朝四百八十寺，多少楼台烟雨中。⑨

绿 🟢
红 🔴

日出江花红胜火，春来江水绿如蓝。⑪

绿 🟢
红 🔴

绿蚁新醅酒，红泥小火炉。㉓

绿 🟢
白 ⚪

绿遍山原白满川，子规声里雨如烟。乡村四月闲人少，才了蚕桑又插田。⑩⑦

白 ⚪
黄 🟡

千里黄云白日曛，北风吹雁雪纷纷。莫愁前路无知己，天下谁人不识君？⑩⑧

白 ⚪
黄 🟡
青 🔵

两个黄鹂鸣翠柳，一行白鹭上青天。窗含西岭千秋雪，门泊东吴万里船。㊾

白 ⚪
黄 🟡

梅子金黄杏子肥，麦花雪白菜花稀。⑩⑨

读了大量的诗词，你就会发现颜色入诗的几个小秘密：

1. 出现在诗词里的主要是"青、绿、白、红、黄"五种颜色。（"红、朱、丹"颜色相近或一样，"绿、翠、青、碧"颜色相近或一样。）

2. 当一首诗里出现两种颜色的时候，主要有两种情况：一种是使用"对比色"，例如"红绿"搭配。一种是使用同色系，例如"青绿白、白黄"搭配。

3. 古诗词中经常出现的景物有水、山、云、树、月、白露（雾）、江等，所以青、绿、白三种颜色运用最多。

白 红

远上寒山石径斜，白云生处有人家。停车坐爱枫林晚，霜叶红于二月花。
⑲

黄

篱落疏疏一径深，树头花落未成阴。儿童急走追黄蝶，飞入菜花无处寻。
⑩

看前面的"古诗中颜色创意图",我们会发现在古诗中出现频率比较高的有五种颜色:"红""青""绿""白""黄",每种颜色带给人的感觉是不一样的,会让人想象到不同的画面。诗人们不断地提炼这些感觉,慢慢地,每种颜色有了相对固定的"象征意义"。

红 ● 红色,象征热情、美丽。说到红,我们马上会想到红灯笼、红绸带、中国结,这些都代表着中国色彩。红色对于中国人来说就是一种文化的象征。红色给人的感觉是青春的,是热烈的。诗人特别喜欢用"红"字来描写景物,一年四季都有"红"。红色描绘的是一幅幅热情美丽之画。

青 ● 青色,象征着坚强、希望、古朴和庄重,是中国特有的一种颜色,在中国古代具有非常重要的意义。中国传统的瓷器和服饰常常采用青色。在古诗中常见的是青山、青衫、青门、青苔、青丝……"青"给人的感觉是:一个人走在宁静的乡村小道上,畅快地呼吸着清新的空气,非常自由。诗人用青色来描绘出一幅幅山水田园之画。

绿 ● 绿色,象征春天和青春,是最令人赏心悦目的颜色,柔和、安静、细腻,又充满生命活力。大自然的各种绿色都跳动着生命的力量。诗人往往以饱满的激情,欢快地描绘着眼前之景,抒发着心中之情。绿色能表达出诗人对大自然的热爱,对生命的热爱。绿色给我们呈现的是一幅幅生命活力之画。

白 ● 白色,象征明亮、淡雅、高洁。空灵的白色,给人一种飘逸的感觉,一种超脱于世外的潇洒,不被金钱和名利所负累,只过自己向往的生活。古人喜欢用白色表达远离尘嚣、宁静淡泊的心境。诗人喜欢把白云、白鹭、白鹤、白马、白浪等写入诗。白色给人的感觉就是一幅幅朴素优雅之画。

黄 黄色原本指土地的颜色。作为土地的颜色，黄色也就得到人们的推崇。在唐代，帝王都穿黄袍，皇宫用金黄色的琉璃瓦。但黄色在诗人的眼中却是象征秋天、哀愁。秋天里的落叶、枯树都是黄色的，带着一缕缕淡淡的哀愁。黄色向我们呈现的是一幅幅悲凉哀愁之画。

天净沙·秋

（元）白朴

孤村落日残霞，
轻烟老树寒鸦，
一点飞鸿影下。
青山绿水，
白草红叶黄花。

《天净沙·秋》描写了怎样的情景呢？

远处的村庄是多么的孤寂，多么的落寞，拖出那长长的影子。炊烟淡淡飘起，几只全身乌黑的乌鸦栖息在老树上，时不时还发出几声令人心酸的啼叫。

忽然，远处的一只大雁飞掠而下，划过天际。顺着它远远望去，山清水秀；再往近处看，霜白的小草、火红的枫叶、金黄的菊花，在风中一齐摇曳着。

如果有人问你：白朴写《天净沙·秋》的时候，心态是积极还是消极的呢？你怎么判断？

总体上还是积极向上、乐观开朗的，因为青、绿、白、红四种颜色带给人的是恬静、优雅、热情、活力之感。但是在积极乐观中也有一点淡淡的哀愁，所以，白朴在作品中又用到了黄色，黄色在诗人的眼中象征秋天、哀愁。

因此，通过颜色我们就可以把握整首诗词的基调。

经典搭配：红绿

红色是中国人喜欢的颜色，喜庆热闹。每逢过年过节，红色往往是人们装饰的首选颜色，例如红灯笼、红对联、红炮仗。

绿色也是中国人喜欢的颜色，绿色是春天的庄稼，是滋润农田的河水，是渔夫的蓑衣。绿色也是和平色，宁静而富有生机。

红和绿搭配在一起，也是中国人喜欢的。

红绿搭配在诗词中是经典的搭配。

古诗

接天莲叶无穷碧，映日荷花别样红。⑫

千里莺啼绿映红，水村山郭酒旗风。⑨

日出江花红胜火，春来江水绿如蓝。⑩

知否，知否？应是绿肥红瘦。⑩

流光容易把人抛，红了樱桃，绿了芭蕉。⑩

绿蚁新醅酒，红泥小火炉。㉓

新酿酒未滤清时，酒面浮起酒渣，色微绿，细如蚁，称为『绿蚁』。所以，『绿蚁』不是真的指绿色的蚂蚁。

草坪为什么有红色?

闪电怎么是绿的?

樱桃核有淡绿的吗?

现代人有穿一身红、一身绿的吗?

你感觉到古诗和现代诗在"用色"上的差异了吗?

现代诗(顾城)

红绿丝的草坪。

红红绿绿的闪电。

一堆淡红淡绿的樱桃核。

那些人红红绿绿,绿绿红红。

淹没在闪光之中。

在一片死灰之中,走过两个孩子。

一个鲜红,一个淡绿。

万能色——碧

有一种色彩,在颜色中寻它不着,红橙黄绿青蓝紫中,没有它的踪影;它是大自然的色彩与心灵色彩的有机融合——碧。

天空、海洋、山峰、行云、流水、野草、树木、屋瓦……都可以说它的颜色是"碧","碧"几乎成了描写色彩的"万能色"。

我们来看几个带有"碧"的句子。

孤帆远影碧空尽,唯见长江天际流。⑥⑤

天门中断楚江开,碧水东流至此回。⑥⑥

映阶碧草自春色,隔叶黄鹂空好音。⑧⑤

江碧鸟逾白,山青花欲燃。⑩③

七夕今宵看碧霄,牵牛织女渡河桥。㉝

碧玉妆成一树高,万条垂下绿丝绦。⑩

接天莲叶无穷碧,映日荷花别样红。⑫

晴空一鹤排云上,便引诗情到碧霄。⑪

读了这些诗句，我们会发现不管是青山、绿水，还是蓝天、流云，都用一个"碧"字来描写。一个字竟包含了七种颜色中的三种——绿、青、蓝，几乎占了全部色彩的一半，这是其他任何描绘色彩的词难以胜任的。

诗人并非色盲，把众多色彩用一个"碧"字来替换，自然有其独特的用意。诗人不注重颜色的准确性，而是着眼于色彩的神韵。

那诗人为什么这么喜欢"碧"这种颜色呢？

"碧"这种色彩不是属于自然的，而是属于心灵的；不属于画家，只属于诗人。它不是平静的描述，而是从心灵中折射出来的光芒。

"碧"把色彩与感情合二为一。"碧"字大都带着作者的喜悦之情，给人清净之感，凉爽之意，带给人新鲜的气息。

下面诗中的颜色，指代哪些事物？

泪眼问花花不语，乱红飞过秋千去。[113]

（红——花）

老夫聊发少年狂，左牵黄，右擎苍。[114]

（黄——黄狗）

回眸一笑百媚生，六宫粉黛无颜色。[25]

（粉黛——女子）

含风鸭绿粼粼起，弄日鹅黄袅袅垂。[115]

（鸭绿——春水；鹅黄——杨柳）

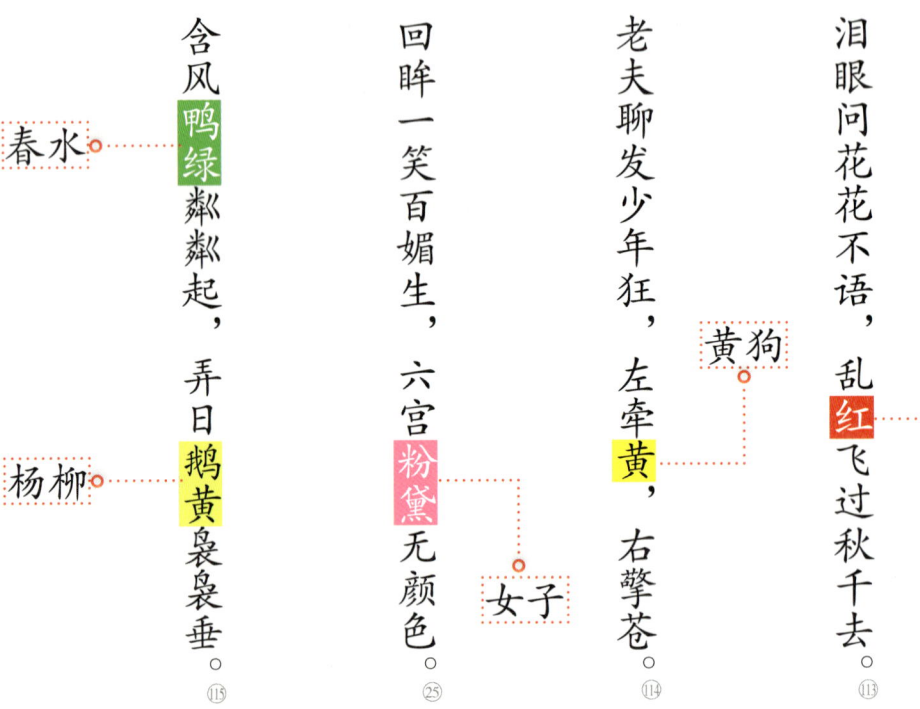

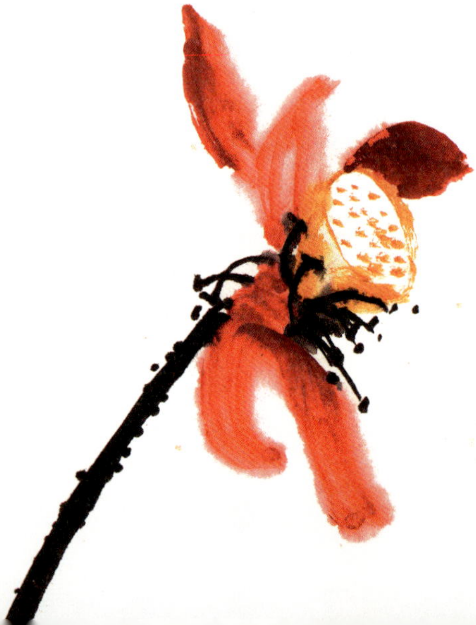

下面诗句描写的事物里，有哪些颜色？

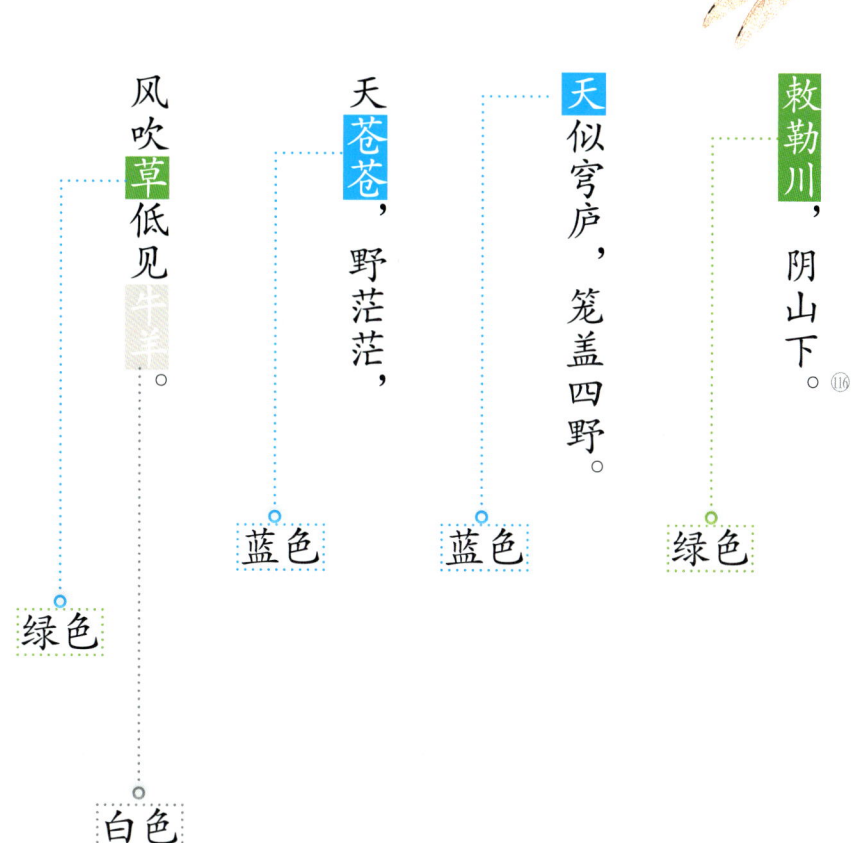

敕勒川，阴山下。— 绿色

天似穹庐，笼盖四野。— 蓝色

天苍苍，野茫茫，— 蓝色

风吹草低见牛羊。— 绿色、白色

大家公认，李贺是最"好色"的诗人。

这里的"好色"是指在诗中"偏爱使用色彩字"。

"野椒粉壁黄""桃花乱落如红雨""一方黑照三方紫"……有人做过统计，李贺的诗平均每30个字中就会出现一个色彩字。

虽然李贺喜欢用"颜色词"，但颜色的种类和现代相比并不多。主要还是黑（暗、玄、乌、冥、墨），白（素、皎、皓），绿（绿、碧、翠、苍），青，红，紫，黄，赤，蓝……

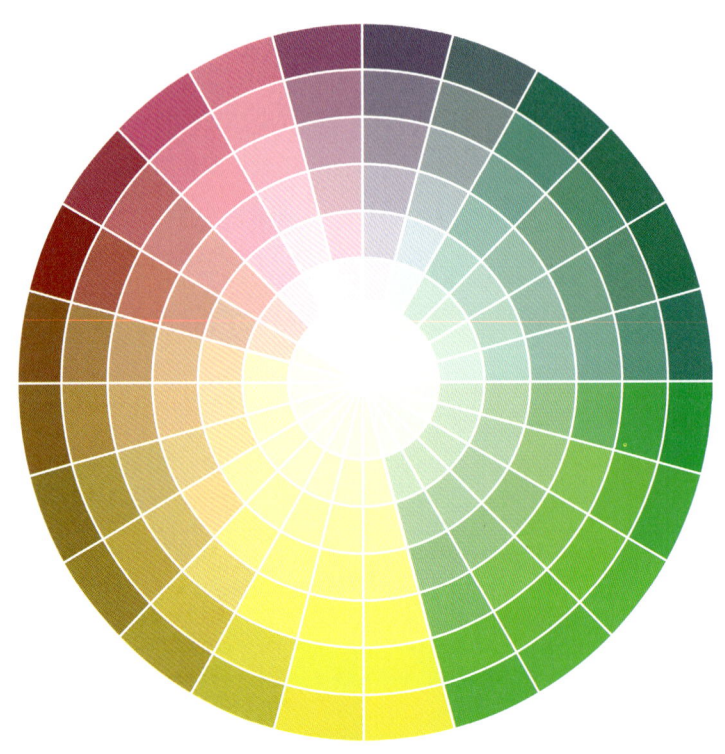

这地方的火烧云变化极多，
一会儿红彤彤的，一会儿金灿灿的，
一会儿半紫半黄，一会儿半灰半百合色。
葡萄灰、梨黄、茄子紫，
这些颜色天空都有。
还有些说也说不出来、见也没见过的颜色。

——节选自萧红《呼兰河传》

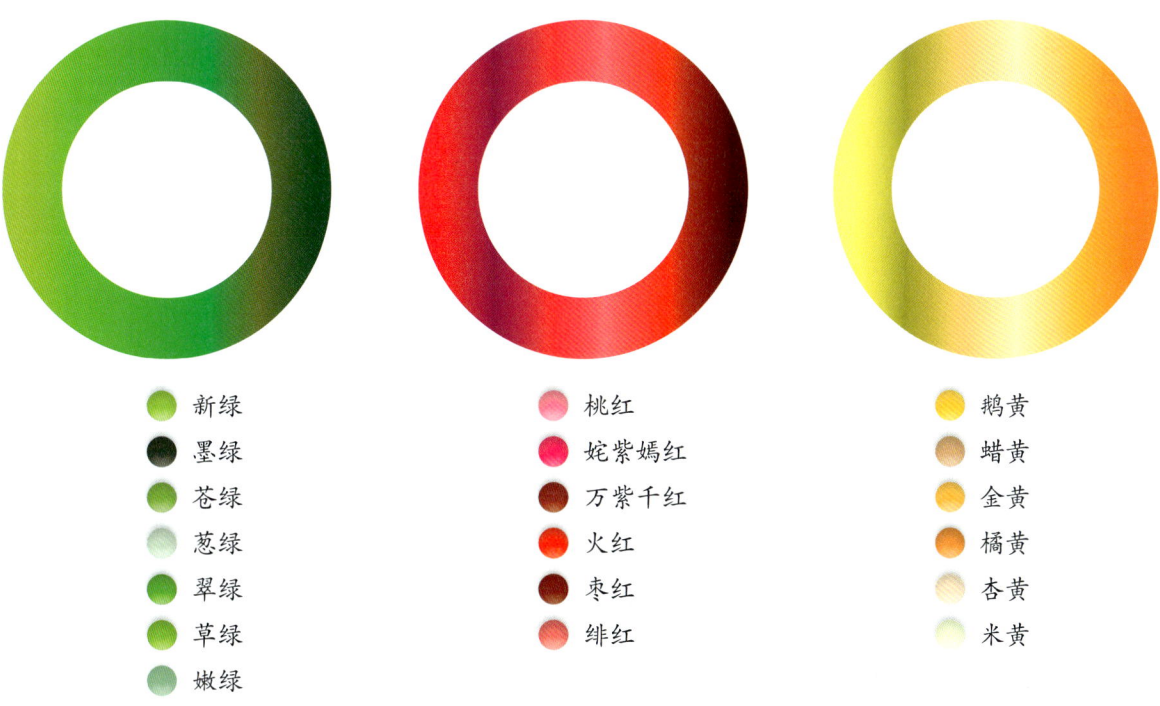

现代诗文中，颜色的种类可就丰富了。这不是说，颜色种类在增多，而是现代人描摹颜色的办法越来越多、词汇越来越丰富。你还能写出多少颜色词？

附录

附录

四时之美

① **春夜喜雨**

（唐）杜甫

好雨知时节，当春乃发生。
随风潜入夜，润物细无声。
野径云俱黑，江船火独明。
晓看红湿处，花重锦官城。

【注释】▲发生：这里指万物生长。▲潜：暗暗地，悄悄地。这里指春雨在夜里悄悄地随风而至。▲红湿处：被雨水打湿的花丛。

② **江村**

（唐）杜甫

清江一曲抱村流，长夏江村事事幽。
自去自来梁上燕，相亲相近水中鸥。
老妻画纸为棋局，稚子敲针作钓钩。
但有故人供禄米，微躯此外更何求？

【注释】▲抱：怀拥，环绕。▲禄米：古代官吏的俸给，这里指钱米。▲微躯：微贱的身躯，是作者自谦之词。

③ **登高**

（唐）杜甫

风急天高猿啸哀，渚清沙白鸟飞回。
无边落木萧萧下，不尽长江滚滚来。
万里悲秋常作客，百年多病独登台。
艰难苦恨繁霜鬓，潦倒新停浊酒杯。

【注释】▲啸哀：指猿的叫声凄厉。▲渚：水中的小块陆地。▲萧萧：模拟草木飘落的声音。▲常作客：长期漂泊他乡。▲百年：犹言一生，这里借指晚年。▲苦恨：极恨，极其遗憾。▲繁：这里作动词，增多。▲潦倒：衰颓，失意。这里指衰老多病，志不得伸。

④ 题都城南庄

　　（唐）崔护

去年今日此门中，人面桃花相映红。
人面不知何处去，桃花依旧笑春风。

【注释】 ▲都：国都，指唐朝京城长安。▲人面：指少女的脸。▲笑：形容桃花盛开的样子。

⑤ 惠崇春江晚景（其一）

　　（宋）苏轼

竹外桃花三两枝，春江水暖鸭先知。
蒌蒿满地芦芽短，正是河豚欲上时。

【注释】 ▲惠崇：宋初九僧之一，能诗能画。▲蒌蒿：草名，有青蒿、白蒿等种。

⑥ 早春呈水部张十八员外（其一）

　　（唐）韩愈

天街小雨润如酥，草色遥看近却无。
最是一年春好处，绝胜烟柳满皇都。

【注释】 ▲呈：恭敬地送给。▲天街：首都长安的街道。▲润如酥：细腻如酥。酥，动物的油，这里形容春雨的细腻滋润。▲最是：正是。▲处：时。▲绝胜：远远超过。

⑦ 春日

　　（宋）朱熹

胜日寻芳泗水滨，无边光景一时新。
等闲识得东风面，万紫千红总是春。

【注释】 ▲胜日：天气晴朗的好日子，也可看出人的好心情。▲滨：水边，河边。▲光景：风光，风景。▲东风：春风。

⑧ 钱塘湖春行

（唐）白居易

孤山寺北贾亭西，水面初平云脚低。
几处早莺争暖树，谁家新燕啄春泥。
乱花渐欲迷人眼，浅草才能没马蹄。
最爱湖东行不足，绿杨阴里白沙堤。

【注释】 ▲钱塘湖：即杭州西湖。▲孤山寺：南北朝时期陈文帝初年建，名承福，宋时改名广华。▲贾亭：又叫贾公亭。西湖名胜之一，唐朝贾全所筑。▲没：遮没，盖没。▲白沙堤：即今白堤，又称沙堤、断桥堤，在西湖东畔，唐朝以前已有。白居易在任杭州刺史时所筑白堤在钱塘门外，是另一条。

⑨ 江南春

（唐）杜牧

千里莺啼绿映红，水村山郭酒旗风。
南朝四百八十寺，多少楼台烟雨中。

【注释】 ▲莺啼：即莺啼燕语。▲酒旗：一种挂在门前以作为酒店标记的小旗。▲南朝：指先后与北朝对峙的宋、齐、梁、陈政权。▲四百八十寺：虚指，形容佛寺很多。南朝皇帝和大官僚好佛，在京城（今南京市）大建佛寺。▲楼台：指佛寺中的建筑。

⑩ 咏柳

（唐）贺知章

碧玉妆成一树高，万条垂下绿丝绦。
不知细叶谁裁出，二月春风似剪刀。

【注释】 ▲碧玉：碧绿色的玉。这里用以比喻春天嫩绿的柳叶。▲一树：满树。▲绦：用丝编成的绳带。这里指像丝带一样的柳条。▲似：如同，好像。

⑪ 村居

（清）高鼎

草长莺飞二月天，拂堤杨柳醉春烟。
儿童散学归来早，忙趁东风放纸鸢。

【注释】 ▲纸鸢：风筝。

⑫ 晓出净慈寺送林子方

　　（宋）杨万里

毕竟西湖六月中，风光不与四时同。
接天莲叶无穷碧，映日荷花别样红。

【注释】▲晓出：太阳刚刚升起。▲净慈寺：全名"净慈报恩光孝禅寺"，与灵隐寺为杭州西湖南北山两大著名佛寺。▲林子方：诗人的朋友，官居直阁秘书。▲毕竟：到底。

⑬ 小池

　　（宋）杨万里

泉眼无声惜细流，树阴照水爱晴柔。
小荷才露尖尖角，早有蜻蜓立上头。

【注释】▲泉眼：泉水的出口。▲惜：爱惜。▲晴柔：晴天柔和的风光。

⑭ 山亭夏日

　　（唐）高骈

绿树阴浓夏日长，楼台倒影入池塘。
水精帘动微风起，满架蔷薇一院香。

【注释】▲浓：指树丛的阴影很浓稠（深）。▲水精帘：即水晶帘，比喻晶莹华美的帘子。

⑮ 闲居初夏午睡起（其一）

　　（宋）杨万里

梅子留酸软齿牙，芭蕉分绿与窗纱。
日长睡起无情思，闲看儿童捉柳花。

【注释】▲芭蕉分绿：芭蕉的绿色映照在纱窗上。▲无情思：没有情绪，指无所适从，不知做什么好。思，情绪。▲捉柳花：戏捉空中飞舞的柳絮。柳花，即柳絮。

⑯ 西江月·夜行黄沙道中

（宋）辛弃疾

明月别枝惊鹊，清风半夜鸣蝉。稻花香里说丰年，听取蛙声一片。七八个星天外，两三点雨山前。旧时茅店社林边，路转溪桥忽见。

【注释】▲西江月：词牌名。▲黄沙：黄沙岭，在江西上饶的西面。▲别枝惊鹊：惊动喜鹊飞离树枝。▲茅店：茅草盖的乡村客店。▲社林：土地庙附近的树林。

⑰ 望洞庭

（唐）刘禹锡

湖光秋月两相和，潭面无风镜未磨。遥望洞庭山水翠，白银盘里一青螺。

【注释】▲洞庭：湖名，在今湖南省北部。▲白银盘：形容平静而又清澈的洞庭湖面。▲青螺：这里用来形容洞庭湖中的君山。

⑱ 秋思

（唐）张籍

洛阳城里见秋风，欲作家书意万重。复恐匆匆说不尽，行人临发又开封。

【注释】▲意万重：极言心思之多。▲复恐：又恐怕。▲开封：拆开已经封好的家书。

⑲ 山行

（唐）杜牧

远上寒山石径斜，白云生处有人家。停车坐爱枫林晚，霜叶红于二月花。

【注释】▲山行：在山中行走。▲石径：石子的小路。▲斜：高而缓的山势。

⑳ 忆江南（其二）

（唐）白居易

江南忆，最忆是杭州；

山寺月中寻桂子，

郡亭枕上看潮头。

何日更重游。

【注释】 ▲郡亭：疑指杭州城东楼。

㉑ 白雪歌送武判官归京（节选）

（唐）岑参

北风卷地白草折，胡天八月即飞雪。

忽如一夜春风来，千树万树梨花开。

【注释】 ▲武判官：名不详。判官，官职名。唐代节度使等朝廷派出的持节大使，可委任幕僚协助判处公事，称判官，是节度使、观察使一类的僚属。▲白草：西域牧草名，秋天变白色。▲胡天：指塞北的天空。▲梨花：春天开放，花为白色。这里比喻雪花积在树枝上，像梨花开了一样。

㉒ 梅花

（宋）王安石

墙角数枝梅，凌寒独自开。

遥知不是雪，为有暗香来。

【注释】 ▲凌寒：冒着严寒。▲暗香：指梅花的幽香。

㉓ 问刘十九

（唐）白居易

绿蚁新醅酒，红泥小火炉。

晚来天欲雪，能饮一杯无？

【注释】 ▲绿蚁：指浮在新酿的没有过滤的米酒上的绿色碎渣。▲醅：酿造。

㉔ 游园不值

（宋）叶绍翁

应怜屐齿印苍苔，小扣柴扉久不开。
春色满园关不住，一枝红杏出墙来。

【注释】▲不值：没踫到主人。▲应怜：大概是感到心疼吧。▲柴扉：用木柴、树枝编扎的门。

㉕ 长恨歌（节选）

（唐）白居易

风吹仙袂飘飘举，犹似霓裳羽衣舞。
玉容寂寞泪阑干，梨花一枝春带雨。
含情凝睇谢君王，一别音容两渺茫。

【注释】▲袂：衣袖。▲阑干：纵横交错的样子。这里形容泪痕满面。▲凝睇：凝视。▲比翼鸟：传说中的鸟名，据说只有一目一翼，雌雄并在一起才能飞。▲连理枝：两株树木树干相抱。古人常用此二物比喻情侣相爱、永不分离。

七月七日长生殿，夜半无人私语时。
在天愿作比翼鸟，在地愿为连理枝。
天长地久有时尽，此恨绵绵无绝期。

㉖ 赏牡丹

（唐）刘禹锡

庭前芍药妖无格，池上芙蕖净少情。
唯有牡丹真国色，花开时节动京城。

【注释】▲妖：艳丽、妩媚。▲格：骨格。牡丹别名"木芍药"，芍药为草本，又称"没骨牡丹"，故作者称其"无格"。在这里，无格指格调不高。▲芙蕖：即莲花。▲国色：原意为一国中姿容最美的女子，此指牡丹花色卓绝，艳丽高贵。

㉗ 十五夜望月寄杜郎中

　　（唐）王建

中庭地白树栖鸦，冷露无声湿桂花。
今夜月明人尽望，不知秋思落谁家？

【注释】▲中庭：即庭院中。▲地白：指月光照在庭院中，地上好像铺了一层霜雪。▲冷露：秋天的露水。▲秋思：秋天的情思，这里指怀人的思绪。

㉘ 菊花

　　（唐）元稹

秋丛绕舍似陶家，遍绕篱边日渐斜。
不是花中偏爱菊，此花开尽更无花。

【注释】▲秋丛：指丛丛的秋菊。▲陶家：陶渊明的家。▲遍绕：环绕一遍。▲日渐斜：太阳渐渐落山。

㉙ 辛夷坞

　　（唐）王维

木末芙蓉花，山中发红萼。
涧户寂无人，纷纷开且落。

【注释】▲辛夷坞：辋川地名，因盛产辛夷花而得名，今陕西省蓝田县内。坞，周围高而中央低的谷地。▲木末芙蓉花：此处指辛夷花。辛夷花花形似芙蓉。▲萼：花萼，由若干片状物组成，包在花瓣外面，花开时托着花瓣。▲涧户：一说指涧边人家；一说山涧两崖相向，状如门户。

㉚ 腊前月季

　　（宋）杨万里

只道花无十日红，此花无日不春风。
一尖已剥胭脂笔，四破犹包翡翠茸。
别有香超桃李外，更同梅斗雪霜中。
折来喜作新年看，忘却今晨是季冬。

【注释】▲腊：指腊月。▲尖：月季花蓓蕾的顶端，此指月季花苞。▲四破：形容月季花完全展开时的样子。▲季冬：深冬。

㉛ 元夕

（宋）欧阳修

去年元夜时，花市灯如昼。
月上柳梢头，人约黄昏后。
今年元夜时，月与灯依旧。
不见去年人，泪湿春衫袖。

【注释】▲花市：民俗每年春时举行的卖花、赏花的集市。▲灯如昼：灯火像白天一样。▲春衫：年少时穿的衣服，也指代年轻时的自己。

㉜ 清明

（唐）杜牧

清明时节雨纷纷，路上行人欲断魂。
借问酒家何处有？牧童遥指杏花村。

【注释】▲纷纷：形容多。▲欲断魂：形容非常伤感，好像灵魂要与身体分开一样。这两句是说，清明时候，阴雨连绵，如此天气，如此节日，路上行人情绪低落，神魂散乱。

㉝ 乞巧

（唐）林杰

七夕今宵看碧霄，牵牛织女渡河桥。
家家乞巧望秋月，穿尽红丝几万条。

【注释】▲乞巧：古代节日，在农历七月初七，又名七夕。▲碧霄：指浩瀚无际的青天。

㉞ 九月九日忆山东兄弟

（唐）王维

独在异乡为异客，每逢佳节倍思亲。
遥知兄弟登高处，遍插茱萸少一人。

【注释】▲九月九日：即重阳节。古以九为阳数，故曰重阳。▲异乡：他乡、外乡。▲登高：古有重阳节登高的风俗。▲茱萸：一种香草，即草决明。古人认为重阳节插戴茱萸可以避灾克邪。

㉟ 余干旅舍

（唐）刘长卿

摇落暮天迥，青枫霜叶稀。
孤城向水闭，独鸟背人飞。
渡口月初上，邻家渔未归。
乡心正欲绝，何处捣寒衣？

【注释】▲余干：今江西省余干县。▲摇落：指草木凋落。▲迥：高远的样子。▲向水：临水。▲背人飞：离人而去（飞）。▲绝：愁绝，极度忧愁。▲捣寒衣：指旧时缝制寒衣，用捶棒捣平皱折时传出的砧声。

㊱ 秋夕

（唐）杜牧

银烛秋光冷画屏，轻罗小扇扑流萤。
天阶夜色凉如水，坐看牵牛织女星。

【注释】▲秋夕：秋天的夜晚。▲银烛：白色而精美的蜡烛。▲画屏：画有图案的屏风。▲流萤：飞动的萤火虫。▲天阶：露天的石阶。

㊲ 诗经·蒹葭

蒹葭苍苍，白露为霜。所谓伊人，
在水一方。溯洄从之，道阻且长。
溯游从之，宛在水中央。
蒹葭萋萋，白露未晞。所谓伊人，
在水之湄。溯洄从之，道阻且跻。
溯游从之，宛在水中坻。
蒹葭采采，白露未已。所谓伊人，
在水之涘。溯洄从之，道阻且右。
溯游从之，宛在水中沚。

【注释】▲蒹：没长穗的芦苇。葭：初生的芦苇。▲苍苍：茂盛的样子。▲所谓：所说的，此指所怀念的。▲伊人：那个人，指所思慕的对象。▲溯洄：逆流而上。▲晞：干。▲湄：水和草交接的地方，也就是岸边。▲跻：攀登。▲坻：水中的沙滩。▲涘：水边。▲右：迂回曲折。▲沚：水中的沙滩。

㊲ 饮酒（其五）

（东晋）陶渊明

结庐在人境，而无车马喧。
问君何能尔？心远地自偏。
采菊东篱下，悠然见南山。
山气日夕佳，飞鸟相与还。
此中有真意，欲辨已忘言。

【注释】▲结庐：盖房子，这里指居住的意思。▲车马喧：指世俗交往的喧扰。▲何能尔：为什么能这样。▲悠然：超脱悠闲。▲南山：泛指山峰，一说指庐山。

送别一枝柳

㊙ 诗经·采薇（节选）
昔我往矣，杨柳依依。
今我来思，雨雪霏霏。
行道迟迟，载渴载饥。
我心伤悲，莫知我哀！

【注释】▲昔：从前，此处指出征时。▲依依：形容柳丝轻柔、随风摇曳的样子。▲霏霏：雪花纷落的样子。▲迟迟：迟缓的样子。

㊵ 凉州词
（唐）王翰
葡萄美酒夜光杯，欲饮琵琶马上催。
醉卧沙场君莫笑，古来征战几人回？

【注释】▲凉州词：属《近代曲辞》，是《凉州曲》的唱词，盛唐时流行的一种曲调名。▲夜光杯：用白玉制成的酒杯，光可照明，这里指华贵而精美的酒杯。▲欲：将要。▲催：催人出征，也有人解作鸣奏助兴。▲君：你。

㊶ 送别
（隋）佚名
杨柳青青著地垂，杨花漫漫搅天飞。
柳条折尽花飞尽，借问行人归不归？

【注释】▲著地：碰到地。▲漫漫：遍布貌。▲搅：乱。▲借问：敬词，请问。

㊷ 望庐山瀑布
（唐）李白
日照香炉生紫烟，遥看瀑布挂前川。
飞流直下三千尺，疑是银河落九天。

【注释】▲香炉：指庐山的香炉峰。▲紫烟：指日光透过云雾，远望如紫色的烟云。▲银河：古人指银河系构成的带状星群。

㊸ 送元二使安西

（唐）王维

渭城朝雨浥轻尘，客舍青青柳色新。
劝君更尽一杯酒，西出阳关无故人。

【注释】▲浥：润湿。▲柳色：既指初春嫩柳的颜色，又因为"柳""留"谐音，暗示对朋友的留恋不舍。▲阳关：在今甘肃省敦煌西南，为自古赴西北边疆的要道。

㊹ 枫桥夜泊

（唐）张继

月落乌啼霜满天，江枫渔火对愁眠。
姑苏城外寒山寺，夜半钟声到客船。

【注释】▲枫桥：在今苏州市阊门外。▲夜泊：夜间把船停靠在岸边。▲乌啼：乌鸦啼鸣。▲霜满天：霜，不可能满天，此处应当体会作严寒；霜满天，是空气极冷的形象语。▲姑苏：苏州的别称，因城西南有姑苏山而得名。▲寒山寺：今苏州西枫桥附近的一座古寺，因唐初著名诗僧寒山曾住在这里而得名。▲夜半钟声：唐代寺院有半夜敲钟的风习。

㊺ 劳劳亭

（唐）李白

天下伤心处，劳劳送客亭。
春风知别苦，不遣柳条青。

【注释】▲劳劳亭：在今南京市西南，古新亭南，为古时送别之所。▲遣：让。

㊻ 菩萨蛮·平林漠漠烟如织

（唐）李白

平林漠漠烟如织，寒山一带伤心碧。
暝色入高楼，有人楼上愁。

【注释】▲平林：平原上的林木。▲伤心：极甚之辞。

玉阶空伫立，宿鸟归飞急。何处是归程？长亭更短亭。

▲伫立：长时间站立等候。

㊼ 天净沙·秋思

（元）马致远

枯藤老树昏鸦，
小桥流水人家，
古道西风瘦马。
夕阳西下，
断肠人在天涯。

【注释】▲枯藤：枯萎的枝蔓。▲昏鸦：黄昏时归巢的乌鸦。▲人家：农家。此句写出了诗人对温馨的家庭的渴望。▲古道：年代久远的驿道。▲断肠人：此处指漂泊天涯、极度忧伤的旅人。

㊽ 赋得古原草送别

（唐）白居易

离离原上草，一岁一枯荣。
野火烧不尽，春风吹又生。
远芳侵古道，晴翠接荒城。
又送王孙去，萋萋满别情。

【注释】▲赋得：古人作诗，凡是指定、限定的诗题，按惯例要在题目上加"赋得"二字。▲离离：青草茂盛的样子。▲远芳：草香远播。▲晴翠：草原明丽翠绿。▲王孙：本指贵族后代，此指远方的友人。▲萋萋：形容草木长得茂盛的样子。

㊾ 淮上与友人别

（唐）郑谷

扬子江头杨柳春，杨花愁杀渡江人。
数声风笛离亭晚，君向潇湘我向秦。

【注释】▲淮上：扬州。▲扬子江：长江在江苏镇江、扬州一带的干流，古称扬子江。▲杨花：柳絮。▲杀：形容愁的程度之深。▲离亭：驿亭。亭是古代路旁供人休息的地方，人们常在此送别，所以称为"离亭"。▲潇湘：指今湖南一带。▲秦：指当时的都城长安，在今陕西境内。

㊿ 送友人

（唐）李白

青山横北郭，白水绕东城。
此地一为别，孤蓬万里征。
浮云游子意，落日故人情。
挥手自兹去，萧萧班马鸣。

【注释】▲郭：古代在城外修筑的一种外墙。▲蓬：古书上说的一种植物，干枯后根株断开，遇风飞旋，也称"飞蓬"。诗人用"孤蓬"喻指远行的朋友。▲征：远行。▲兹：此。▲班马：离群的马，这里指载人远离的马。班，分别，离别，一作"斑"。

51 送杜少府之任蜀州

（唐）王勃

城阙辅三秦，风烟望五津。
与君离别意，同是宦游人。
海内存知己，天涯若比邻。
无为在歧路，儿女共沾巾。

【注释】▲少府：官名。▲之：到，往。▲宦游：出外做官。▲海内：四海之内，即全国各地。古人认为我国疆土四周环海，所以称天下为四海之内。▲比邻：近邻。▲无为：无须，不必。▲歧路：岔路。古人送行常在大路分岔处告别。

52 绝句

（唐）杜甫

两个黄鹂鸣翠柳，一行白鹭上青天。
窗含西岭千秋雪，门泊东吴万里船。

【注释】▲西岭：西岭雪山。▲千秋雪：指西岭雪山上千年不化的积雪。▲万里船：不远万里开来的船只。

53 游山西村

（宋）陆游

莫笑农家腊酒浑，丰年留客足鸡豚。
山重水复疑无路，柳暗花明又一村。

【注释】▲腊酒：头一年腊月里酿造的酒。▲足鸡豚：意思是准备了丰盛的菜肴。

箫鼓追随春社近,衣冠简朴古风存。
从今若许闲乘月,拄杖无时夜叩门。

▲箫鼓:吹箫打鼓。▲春社:古代把立春后第五个戊日作为春社日,拜祭社公(土地神)和五谷神,祈求丰收。▲若许:如果允许。▲闲乘月:趁着月光之夜闲游。▲无时:没有定时,即随时。

万里行舟

(54) 登科后

（唐）孟郊

昔日龌龊不足夸，
今朝放荡思无涯。
春风得意马蹄疾，
一日看尽长安花。

【注释】▲龌龊：指处境不如意。▲放荡：自由自在，不受约束。

(55) 逢入京使

（唐）岑参

故园东望路漫漫，
双袖龙钟泪不干。
马上相逢无纸笔，
凭君传语报平安。

【注释】▲入京使：进京的使者。▲龙钟：被泪水沾湿的样子。▲凭：托，烦，请。▲传语：捎口信。

(56) 宿建德江

（唐）孟浩然

移舟泊烟渚，日暮客愁新。
野旷天低树，江清月近人。

【注释】▲泊：停船靠岸。▲烟渚：指江中雾气笼罩的小沙洲。渚：水中小块陆地。▲旷：空阔远大。

(57) 如梦令·常记溪亭日暮

（宋）李清照

常记溪亭日暮，沉醉不知归路。
兴尽晚回舟，误入藕花深处。
争渡，争渡，惊起一滩鸥鹭。

【注释】▲溪亭：临水的亭台。▲晚：比合适的时间靠后，这里意思是天黑路暗了。▲争渡：怎渡,怎么才能划出去。▲起：飞起来。

(58) 次北固山下

（唐）王湾

客路青山外，行舟绿水前。
潮平两岸阔，风正一帆悬。
海日生残夜，江春入旧年。
乡书何处达？归雁洛阳边。

【注释】▲次：旅途中暂时停宿，这里是停泊的意思。▲客路：远行的路。▲风正：顺风。▲乡书：家信。

(59) 赠汪伦

（唐）李白

李白乘舟将欲行，忽闻岸上踏歌声。
桃花潭水深千尺，不及汪伦送我情。

【注释】▲踏歌：唐代一种广为流行的民间歌舞形式，一边唱歌，一边用脚踏地打拍子，可以边走边唱。▲桃花潭：在今安徽泾县西南一百里，深不可测。诗人用潭水深千尺比喻汪伦与他的友情，运用了夸张的手法。▲不及：不如。

(60) 早发白帝城

（唐）李白

朝辞白帝彩云间，千里江陵一日还。

【注释】▲发：启程。▲彩云间：因白帝城在白帝山上，地势高耸，从山下江中仰望，仿佛耸入云间。

两岸猿声啼不住，轻舟已过万重山。

▲住：停息。

(61) 渡荆门送别

（唐）李白

渡远荆门外，来从楚国游。

山随平野尽，江入大荒流。

月下飞天镜，云生结海楼。

仍怜故乡水，万里送行舟。

【注释】▲平野：平坦广阔的原野。▲海楼：海市蜃楼，这里形容江上云霞的美丽景象。

(62) 酬乐天扬州初逢席上见赠

（唐）刘禹锡

巴山楚水凄凉地，二十三年弃置身。

怀旧空吟闻笛赋，到乡翻似烂柯人。

沉舟侧畔千帆过，病树前头万木春。

今日听君歌一曲，暂凭杯酒长精神。

【注释】▲酬：答谢，酬答，这里是以诗相答的意思。▲乐天：指白居易，字乐天。▲弃置身：指遭受贬谪的诗人自己。弃置，贬谪。▲翻似：倒好像。翻，副词，反而。▲烂柯人：指晋人王质。相传王质上山砍柴，看见两个童子下棋，就停下观看。等棋局终了，手中的斧柄（柯）已经朽烂。回到村里，才知道已过了一百年，同代人都已经亡故。诗人以此典故表达自己遭贬23年的感慨，也表达世事沧桑，暮年返乡恍如隔世的心情。▲侧畔：旁边。▲长精神：振作精神。

(63) 旅夜书怀

（唐）杜甫

细草微风岸，危樯独夜舟。

【注释】▲危樯：高耸的桅杆。危，高。樯，船上挂风帆的桅杆。

星垂平野阔，月涌大江流。
名岂文章著，官应老病休。
飘飘何所似？天地一沙鸥。

▲月涌：月亮倒映，随水流涌。▲飘飘：飞翔的样子，这里含有飘零、飘泊的意思。

(64) 登岳阳楼

（唐）杜甫

昔闻洞庭水，今上岳阳楼。
吴楚东南坼，乾坤日夜浮。
亲朋无一字，老病有孤舟。
戎马关山北，凭轩涕泗流。

【注释】▲吴楚：春秋时二国名（吴国和楚国）。其地略在今湖南、湖北、江西、安徽、江苏、浙江一带。▲坼：分裂，这里引申为划分。▲乾坤：天地。▲戎马：军马，借指军事、战争、战乱。▲凭轩：倚着楼窗。▲涕泗：眼泪和鼻涕，偏义复指，即眼泪。

(65) 黄鹤楼送孟浩然之广陵

（唐）李白

故人西辞黄鹤楼，烟花三月下扬州。
孤帆远影碧空尽，唯见长江天际流。

【注释】▲之：往，去。▲西辞：黄鹤楼在广陵的西面，在黄鹤楼辞别去广陵，所以说“西辞”。▲烟花：指柳如烟、花似锦的明媚春光。▲唯见：只能见到。

(66) 望天门山

（唐）李白

天门中断楚江开，碧水东流至此回。
两岸青山相对出，孤帆一片日边来。

【注释】▲中断：江水从中间隔断两山。▲至此：意为东流的江水在这转向北流。▲日边来：指孤舟从天水相接处的远方驶来，远远望去，仿佛来自日边。

⑥⑦ 宣州谢朓楼饯别校书叔云

（唐）李白

弃我去者，昨日之日不可留。
乱我心者，今日之日多烦忧。
长风万里送秋雁，对此可以酣高楼。
蓬莱文章建安骨，中间小谢又清发。
俱怀逸兴壮思飞，欲上青天览明月。
抽刀断水水更流，举杯销愁愁更愁。
人生在世不称意，明朝散发弄扁舟。

【注释】▲长风：远风，大风。▲酣：畅饮。▲建安骨：指刚健遒劲的诗文风格。▲清发：指清新秀发的诗风。▲逸兴：飘逸豪放的兴致，多指山水游兴，超迈的意兴。▲览：通"揽"，摘取。一本作"揽"。▲散发：去冠披发，指隐居不仕。这里是形容狂放不羁。

⑥⑧ 行路难（其一）

（唐）李白

金樽清酒斗十千，玉盘珍羞直万钱。
停杯投箸不能食，拔剑四顾心茫然。
欲渡黄河冰塞川，将登太行雪满山。
闲来垂钓碧溪上，忽复乘舟梦日边。
行路难！行路难！多歧路，今安在？
长风破浪会有时，直挂云帆济沧海。

【注释】▲金樽：古代盛酒的器具，以金为饰。▲斗十千：一斗酒值十千钱（即万钱），形容酒美价高。▲珍羞：珍贵的菜肴。羞，同"馐"，美味的食物。▲直，同"值"，价值。▲投箸：丢下筷子。箸，筷子。▲太行：太行山。▲忽复：忽然又。▲安：哪里。▲会：应当。▲云帆：高高的船帆。船在海里航行，因天水相连，船帆好像出没在云雾之中。▲济：渡过。

(69) 宿桐庐江寄广陵旧游

（唐）孟浩然

山暝闻猿愁，沧江急夜流。
风鸣两岸叶，月照一孤舟。
建德非吾土，维扬忆旧游。
还将两行泪，遥寄海西头。

【注释】▲桐庐江：即桐江，在今浙江省桐庐县境。▲广陵：今江苏扬州。▲旧游：指故交。▲暝：黄昏。▲沧江：指桐庐江。沧同“苍”，因江色苍青，故称。▲建德：唐时郡名，今浙江省建德县一带。▲维扬：扬州的别称。▲遥寄：远寄。▲海西头：指扬州。因扬州近大海，且处于西边，故称。

(70) 望洞庭湖赠张丞相

（唐）孟浩然

八月湖水平，涵虚混太清。
气蒸云梦泽，波撼岳阳城。
欲济无舟楫，端居耻圣明。
坐观垂钓者，徒有羡鱼情。

【注释】▲涵虚：包含天空，指天倒映在水中。涵，包容。虚，虚空，空间。▲混太清：与天混成一体。清，指天空。▲济：渡。▲端居：安居。▲徒：只能。

(71) 江雪

（唐）柳宗元

千山鸟飞绝，万径人踪灭。
孤舟蓑笠翁，独钓寒江雪。

【注释】▲绝：无，没有。▲万径：虚指，指千万条路。▲蓑笠：蓑衣和斗笠。笠，用竹篾编成的帽子。

(72) 江村即事

（唐）司空曙

钓罢归来不系船，江村月落正堪眠。
纵然一夜风吹去，只在芦花浅水边。

【注释】▲即事：以当前的事物为题材所做的诗。▲系：系好。▲堪：可以，能够。▲纵然：即使。

(73) 临江仙·夜饮东坡醒复醉

（宋）苏轼

夜饮东坡醒复醉，归来仿佛三更。家童鼻息已雷鸣。敲门都不应，倚杖听江声。　　长恨此身非我有，何时忘却营营？夜阑风静縠纹平。小舟从此逝，江海寄余生。

【注释】▲东坡：在湖北黄冈市东。苏轼谪贬黄州时，友人马正卿助其垦辟的游息之所，筑雪堂五间。▲营营：周旋、忙碌，内心躁急的样子，形容为利禄竞逐钻营。▲夜阑：夜尽。▲縠纹：比喻水波细纹。縠，绉纱。

(74) 滁州西涧

（唐）韦应物

独怜幽草涧边生，上有黄鹂深树鸣。
春潮带雨晚来急，野渡无人舟自横。

【注释】▲滁州：今安徽省滁州市。▲西涧：滁州城西郊的一条小溪，有人称上马河，即今天的西涧湖（原滁州城西水库）。▲深树：树阴深处。▲野渡：荒郊野外无人管理的渡口。

大漠边塞

⑦⑤ 从军行（其四）
（唐）王昌龄

青海长云暗雪山，孤城遥望玉门关。
黄沙百战穿金甲，不破楼兰终不还。

【注释】▲青海：指青海湖，在今青海省。▲长云：长长的云。▲雪山：即祁连山。▲孤城：即玉门关。▲玉门关：汉置边关名，在今甘肃敦煌西。一作"雁门关"。▲楼兰：汉时西域国名。

⑦⑥ 使至塞上
（唐）王维

单车欲问边，属国过居延。
征蓬出汉塞，归雁入胡天。
大漠孤烟直，长河落日圆。
萧关逢候骑，都护在燕然。

【注释】▲问边：到边塞去查看，指慰问守卫边疆的官兵。▲征蓬：随风飘飞的蓬草，此处为诗人自喻。▲归雁：雁是候鸟，春天北飞，秋天南行，这里是指大雁北飞。▲胡天：北方的天空。▲候骑：骑马的侦察兵。

⑦⑦ 出塞
（唐）王昌龄

秦时明月汉时关，万里长征人未还。
但使龙城飞将在，不教胡马度阴山。

【注释】▲但使：只要。▲不教：不让。教，让。▲胡马：指匈奴的军队。▲度：越过。

⑦⑧ 凉州词
（唐）王之涣

黄河远上白云间，一片孤城万仞山。

【注释】▲远上：远远向西望去。"远"一作"直"。▲仞：古代的长度单位，一仞相当于七尺或八尺。

羌笛何须怨杨柳，春风不度玉门关。

▲羌笛：古时少数民族的一种乐器。▲何须：何必。▲杨柳：杨树的柳条，又指《杨柳曲》。▲度：经过。

(79) 马诗

（唐）李贺

大漠沙如雪，燕山月似钩。
何当金络脑，快走踏清秋。

【注释】▲燕山：山名，在今河北省北部。▲钩：弯刀，是古代的一种兵器，形似月牙。▲金络脑：用黄金装饰的马笼头，说明马具的华贵。

(80) 夜上受降城闻笛

（唐）李益

回乐峰前沙似雪，受降城外月如霜。
不知何处吹芦管，一夜征人尽望乡。

【注释】▲受降城：唐初名将张仁愿为了防御突厥，在黄河以北筑东、中、西三座受降城，都在今内蒙古自治区境内。另有一种说法是：贞观二十年（646年），唐太宗亲临灵州接受突厥一部的投降，"受降城"之名由此而来。▲回乐峰：唐代有回乐县，在今宁夏回族自治区灵武县西南。回乐峰即当地山峰。一作"回乐烽"，指回乐县附近的烽火台。▲芦管：以芦叶做的笛子。▲征人：戍边的将士。▲尽：全。

(81) 塞下曲（其三）

（唐）卢纶

月黑雁飞高，单于夜遁逃。
欲将轻骑逐，大雪满弓刀。

【注释】▲塞下曲：古时边塞的一种军歌。▲月黑：没有月光的漆黑的夜晚。▲遁：逃走。▲将：率领。▲轻骑：轻装快速的骑兵。▲逐：追赶。▲满：沾满。

(82) 渔家傲·秋思

（宋）范仲淹

塞下秋来风景异，衡阳雁去无留意。四面边声连角起。千嶂里，长烟落日孤城闭。　　浊酒一杯家万里，燕然未勒归无计。羌管悠悠霜满地。人不寐，将军白发征夫泪。

【注释】▲塞：边界要塞之地，这里指西北边疆。▲边声：边塞特有的声音，如大风、号角、羌笛、马啸的声音。▲千嶂：绵延而峻峭的山峰。▲燕然未勒：指战事未平，功名未立。燕然，即燕然山，今名杭爱山，在今蒙古国境内。▲悠悠：形容声音飘忽不定。▲寐：睡，不寐就是睡不着。

古诗里的数字

83 江上渔者
（宋）范仲淹

江上往来人，但爱鲈鱼美。
君看一叶舟，出没风波里。

【注释】渔者：捕鱼的人。但：只。出没：若隐若现。风波：波浪。

84 早梅
（唐）齐己

万木冻欲折，孤根暖独回。
前村深雪里，昨夜一枝开。
风递幽香去，禽窥素艳来。
明年如应律，先发望春台。

【注释】孤：突出其独特个性。暖独回：指阳气开始萌生。窥：偷看。素艳：洁白妍丽，此处指白梅。应律：古人以十二律推测气候，此处应律是按季节的意思。春台：幽美的游览之地。

85 蜀相
（唐）杜甫

丞相祠堂何处寻，锦官城外柏森森。
映阶碧草自春色，隔叶黄鹂空好音。
三顾频烦天下计，两朝开济老臣心。
出师未捷身先死，长使英雄泪满襟。

【注释】锦官城：成都的别称。森森：茂盛繁密的样子。空：白白的。频烦：犹"频繁"，多次烦劳。开：开创。济：扶助。出师：出兵伐魏。

86 破阵子·春景

（宋）晏殊

燕子来时新社，梨花落后清明。池上碧苔三四点，叶底黄鹂一两声。日长飞絮轻。　　巧笑东邻女伴，采桑径里逢迎。疑怪昨宵春梦好，原是今朝斗草赢。笑从双脸生。

【注释】▲新社：古代祭土地神的日子为社日，有春秋两社。新社即春社，时间在立春后清明前。▲碧苔：碧绿色的苔草。▲巧笑：形容少女美好的笑容。▲逢迎：碰头，相逢。▲疑怪：诧异、奇怪。这里是"怪不得"的意思。▲斗草：古代妇女的一种游戏，也叫"斗百草"。

87 风

（唐）李峤

解落三秋叶，能开二月花。
过江千尺浪，入竹万竿斜。

【注释】▲解落：吹落，散落。解，解开，这里指吹。▲三秋：秋季。一说指农历九月。▲过：经过。▲斜：倾斜。

88 悯农二首

（唐）李绅

春种一粒粟，秋收万颗子。
四海无闲田，农夫犹饿死。
锄禾日当午，汗滴禾下土。
谁知盘中餐，粒粒皆辛苦。

【注释】▲悯：怜悯。这里有同情的意思。▲粟：泛指谷类。▲子：指粮食颗粒。▲四海：指全国。▲闲田：没有耕种的田。▲禾：谷类植物的统称。▲餐：一作"飧"。熟食的统称。

⑧⑨ 寒食

（唐）韩翃

春城无处不飞花，寒食东风御柳斜。
日暮汉宫传蜡烛，轻烟散入五侯家。

【注释】▲春城：暮春时的长安城。▲寒食：古代在清明节前两天的节日，禁火三天，只吃冷食，所以称寒食。▲御柳：指皇城中的柳树。▲汉宫：这里指唐朝皇宫。▲传蜡烛：寒食节普天之下一律禁火，到夜晚，皇帝颁赐新火给贵臣之家。▲五侯：一说东汉外戚梁冀一族的五侯。另一说指东汉桓帝时的宦官单超等同日封侯的五人。这里泛指天子近幸之臣。

⑨⓪ 牧童

（唐）吕岩

草铺横野六七里，笛弄晚风三四声。
归来饱饭黄昏后，不脱蓑衣卧月明。

【注释】▲牧童：放牛放羊的孩子。▲横野：辽阔的原野。

⑨① 剑客

（唐）贾岛

十年磨一剑，霜刃未曾试。
今日把示君，谁有不平事？

【注释】▲霜刃：形容剑锋寒光闪闪，十分锋利。▲把示君：拿给您看。

92 江城子·乙卯正月二十日夜记梦
（宋）苏轼

十年生死两茫茫，不思量，自难忘。
千里孤坟，无处话凄凉。纵使相逢
应不识，尘满面，鬓如霜。
夜来幽梦忽还乡，小轩窗，正梳妆。
相顾无言，惟有泪千行。料得年年
肠断处，明月夜，短松冈。

【注释】▲思量：想念。▲千里：王弗葬地四川眉山与苏轼任所山东密州，相隔遥远，故称"千里"。▲孤坟：其妻王氏之墓。▲小轩窗：指小室的窗前。▲顾：看。▲短松冈：苏轼葬妻之地。

93 长歌行
汉乐府

青青园中葵，朝露待日晞。
阳春布德泽，万物生光辉。
常恐秋节至，焜黄华叶衰。
百川东到海，何时复西归？
少壮不努力，老大徒伤悲！

【注释】▲长歌行：汉乐府曲题。▲晞：天亮，引申为阳光照耀。▲布：散布，洒满。▲德泽：恩惠。▲焜黄：形容草木凋落枯黄的样子。▲华：同"花"。▲百川：大河流。▲徒：白白地。

94 夜宿山寺
（唐）李白

危楼高百尺，手可摘星辰。
不敢高声语，恐惊天上人。

【注释】▲宿：住，过夜。▲危：高。▲恐：唯恐，害怕。

95 蜂

（唐）罗隐

不论平地与山尖，无限风光尽被占。
采得百花成蜜后，为谁辛苦为谁甜？

【注释】▲山尖：高而陡的山。▲尽：都。▲占：占其所有。▲甜：醇香的蜂蜜。

96 秋浦歌（其十五）

（唐）李白

白发三千丈，缘愁似个长。
不知明镜里，何处得秋霜。

【注释】▲秋浦：今安徽贵池县西南一浦。▲缘愁：因为愁。▲似：像。▲个：这样。▲秋霜：指白发，形容头发像秋天的霜一样白。

97 己亥杂诗

（清）龚自珍

九州生气恃风雷，万马齐喑究可哀。
我劝天公重抖擞，不拘一格降人才。

【注释】▲生气：生气勃勃的局面。▲恃：依靠。▲万马齐喑：比喻社会政局毫无生气。喑，沉默，不说话。▲天公：造物主。▲抖擞：振作，奋发。▲降：降生，降临。

98 山村咏怀

（宋）邵雍

一去二三里，烟村四五家。
亭台六七座，八九十枝花。

【注释】▲去：指距离。▲烟村：被烟雾笼罩的村庄。▲亭台：泛指供人们游赏、休息的建筑物。

诗词中的颜色

⑨ 赠刘景文

（宋）苏轼

荷尽已无擎雨盖，菊残犹有傲霜枝。
一年好景君须记，正是橙黄橘绿时。

【注释】▲荷尽：荷花枯萎，残败凋谢。▲擎：举，向上托。▲雨盖：旧称雨伞，此处比喻荷叶舒展的样子。▲傲霜：不怕霜冻寒冷，坚强不屈。

⑩ 鹿柴

（唐）王维

空山不见人，但闻人语响。
返景入深林，复照青苔上。

【注释】▲鹿柴：地名，在今陕西蓝田终南山下。▲返景：夕阳返照的光。景，同"影"。▲照：照耀。

⑩ 忆江南（其一）

（唐）白居易

江南好，风景旧曾谙。
日出江花红胜火，春来江水绿如蓝。
能不忆江南？

【注释】▲谙：熟悉。▲江花：江边的花朵。一说指江中的浪花。▲蓝：蓝草，其叶可制青绿染料。

⑩ 天净沙·秋

（元）白朴

孤村落日残霞，轻烟老树寒鸦，

【注释】▲天净沙：曲牌名。▲残霞：快消散的晚霞。▲寒鸦：天寒归林的乌鸦。

一点飞鸿影下。
青山绿水，白草红叶黄花。

▲飞鸿影下：雁影掠过。飞鸿，天空中的鸿雁。

⑩ 绝句二首

（唐）杜甫

迟日江山丽，春风花草香。
泥融飞燕子，沙暖睡鸳鸯。
江碧鸟逾白，山青花欲燃。
今春看又过，何日是归年？

【注释】▲迟日：春天日渐长，所以说迟日。▲泥融：这里指泥土滋润、湿润。▲花欲燃：花红似火。

⑩ 渔歌子

（唐）张志和

西塞山前白鹭飞，桃花流水鳜鱼肥。
青箬笠，绿蓑衣，斜风细雨不须归。

【注释】▲西塞山：在今浙江湖州。▲桃花流水：桃花盛开的季节正是春水盛涨的时候，俗称桃花汛或桃花水。▲箬笠：竹叶或竹篾做的帽子。

⑩ 如梦令

（宋）李清照

昨夜雨疏风骤，浓睡不消残酒。
试问卷帘人，却道海棠依旧。
知否，知否？
应是绿肥红瘦。

【注释】▲疏：指稀疏。▲浓睡：酣睡。▲残酒：尚未消散的醉意。▲卷帘人：有学者认为此指侍女。▲绿肥红瘦：绿叶繁茂，红花凋零。

⑯ 一剪梅·舟过吴江

（宋）蒋捷

一片春愁待酒浇。江上舟摇，楼上帘招。秋娘渡与泰娘桥，风又飘飘，雨又萧萧。　　何日归家洗客袍？银字笙调，心字香烧。流光容易把人抛，红了樱桃，绿了芭蕉。

【注释】▲浇：浸灌，消除。▲帘招：指酒旗。▲秋娘渡：指吴江渡。▲萧萧：象声词，形容雨声。▲银字笙：管乐器的一种。

⑰ 乡村四月

（宋）翁卷

绿遍山原白满川，子规声里雨如烟。乡村四月闲人少，才了蚕桑又插田。

【注释】▲山原：山陵和原野。▲白满川：指稻田里的水色和天光相辉映。川，平地。▲子规：杜鹃鸟。▲蚕桑：种桑养蚕。

⑱ 别董大二首

（唐）高适

千里黄云白日曛，北风吹雁雪纷纷。
莫愁前路无知己，天下谁人不识君？
六翮飘飖私自怜，一离京洛十余年。
丈夫贫贱应未足，今日相逢无酒钱。

【注释】▲黄云：天上的乌云，在阳光下乌云呈暗黄色，所以叫黄云。▲白日曛：即太阳黯淡无光。曛，昏暗。▲翮：鸟的羽翼。▲飘飖：飘动。六翮飘飖，比喻四处奔波而无结果。

⑩⁹ **夏日田园杂兴（其一）**

　　（宋）范成大

梅子金黄杏子肥，麦花雪白菜花稀。
日长篱落无人过，惟有蜻蜓蛱蝶飞。

【注释】▲篱落：中午篱笆的影子。

⑩ **宿新市徐公店（其二）**

　　（宋）杨万里

篱落疏疏一径深，树头花落未成阴。
儿童急走追黄蝶，飞入菜花无处寻。

【注释】▲篱：篱笆。▲径：小路。▲急走：奔跑。

⑪ **秋词（其一）**

　　（唐）刘禹锡

自古逢秋悲寂寥，我言秋日胜春朝。
晴空一鹤排云上，便引诗情到碧霄。

【注释】▲悲寂寥：悲叹萧条。▲排：推，有冲破的意思。▲碧霄：青天。

⑫ **乐府十首（其八）**

　　（三国）曹植

所赍千金剑，通犀间碧玙。
翡翠饰鸡必，标首明月珠。

【注释】▲赍：持。

⑬ 蝶恋花

（宋）欧阳修

庭院深深深几许，杨柳堆烟，帘幕无重数。玉勒雕鞍游冶处，楼高不见章台路。　　雨横风狂三月暮，门掩黄昏，无计留春住。泪眼问花花不语，乱红飞过秋千去。

【注释】▲几许：多少。许，估计数量之词。▲堆烟：形容杨柳繁密。▲玉勒：玉制的马衔。▲游冶处：指歌楼妓院。▲乱红：凌乱的落花。

⑭ 江城子·密州出猎

（宋）苏轼

老夫聊发少年狂，左牵黄，右擎苍，锦帽貂裘，千骑卷平冈。为报倾城随太守，亲射虎，看孙郎。
酒酣胸胆尚开张，鬓微霜，又何妨！持节云中，何日遣冯唐？会挽雕弓如满月，西北望，射天狼。

【注释】▲老夫：作者自称。▲聊：姑且，暂且。▲左牵黄，右擎苍：左手牵着黄狗，右臂擎着苍鹰，形容围猎时追捕猎物的架势。▲千骑：形容随从乘骑之多。▲尚：更。▲微霜：稍白。▲持节：奉有朝廷重大使命。▲天狼：星名，又称犬星，旧说主侵掠，这里隐喻侵犯北宋边境的辽国与西夏。

⑮ 南浦（其一）

（宋）王安石

南浦东冈二月时，物华撩我有新诗。含风鸭绿粼粼起，弄日鹅黄袅袅垂。

【注释】▲鸭绿：深绿色，代指春水。▲鹅黄：嫩黄色，代指新柳。

⑯ 敕勒歌

　　　　北朝民歌

敕勒川，阴山下。

天似穹庐，笼盖四野。

天苍苍，野茫茫，

风吹草低见牛羊。

【注释】 ▲穹庐：用毡布搭成的帐篷，即蒙古包。▲四野：草原的四面八方。▲天苍苍：天蓝蓝的。▲茫茫：辽阔无边的样子。▲见：同"现"，显露。

图书在版编目（CIP）数据

诗词大发现：古诗词创意图解：全三册 / 蒋军晶著. -- 武汉：长江文艺出版社，2019.8（2024.1重印）
（大教育书系）
ISBN 978-7-5702-1040-4

Ⅰ.①诗… Ⅱ.①蒋… Ⅲ.①古典诗歌－中国－中小学－教学参考资料 Ⅳ.①G634.303

中国版本图书馆CIP数据核字（2019）第090977号

| 责任编辑：施柳柳 | 责任校对：毛季慧 |
| 封面设计：古涧千溪 | 责任印制：邱　莉　王光兴 |

出版：长江出版传媒　长江文艺出版社
地址：武汉市雄楚大街268号　　邮编：430070
发行：长江文艺出版社
http://www.cjlap.com
印刷：湖北金港彩印有限公司

开本：787毫米×970毫米　　1/16　　印张：27
版次：2019年8月第1版　　2024年1月第2次印刷
字数：304千字

定价：156.00元（全三册）

版权所有，盗版必究（举报电话：027—87679308　87679310）
（图书出现印装问题，本社负责调换）